HÉROES CRISTIANOS DE AYER Y DE HOY

PRECURSOR INCANSABLE

La vida del conde Zinzendorf

HÉROES CRISTIANOS DE AYER Y DE HOY

PRECURSOR INCANSABLE

La vida del conde Zinzendorf

JANET & GEOFF BENGE

EDITORIAL JUCUM

P.O. BOX 1138 TYLER, TX 75710-1138

Editorial JUCUM forma parte de Juventud con una misión, una organización de carácter internacional.

Si desea un catálogo gratuito de nuestros libros y otros productos, solicítelos por escrito o por teléfono a:

Editorial JUCUM
P.O. Box 1138, Tyler, TX 75710-1138 U.S.A.
Correo electrónico: info@editorialjucum.com
Teléfono: (903) 882-4725
O visítenos online en:
www.editorialjucum.com

ISBN 978-1-57658-819-2

Primera edición

Impreso en los Estados Unidos

HÉROES CRISTIANOS DE AYER Y DE HOY
Biografías

Europa

Norte de Europa

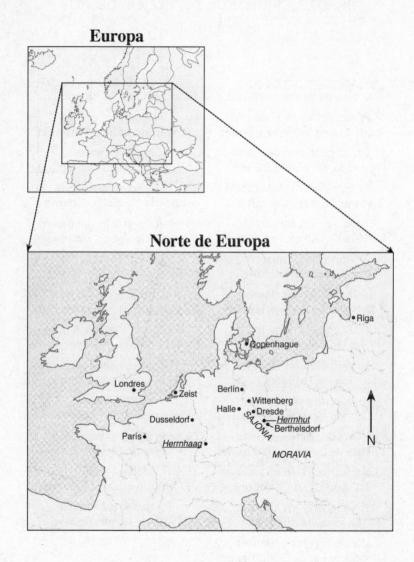

Índice

Decepcionado, pero no desanimado

Allí no había mucha gente. No había carreteras, ni castillos, ni ciudades bulliciosas, sólo verdes colinas onduladas, cubiertas de vegetación —muy diferentes a las de Europa—. En Sajonia, el conde Ludwig von Zinzendorf habría viajado en un carruaje de lujo, pero en el interior del territorio indio montaba una caballería.

Guiado por el jefe Skikellimy y varios audaces, Ludwig y sus compañeros serpentearon una pendiente ascendente por el Valle Wyoming de Pennsylvania, cabalgando progresivamente hacia el hogar de los indios shawnees[1], ubicado en los tramos superiores del valle. Mientras cabalgaba, Ludwig

---

1 Shawnees: Tribu indígena que habitaba en la cuenca del río Cumberland, en Tennessee y el oeste de Pennsylvania, y partes de los estados de las Carolinas, Ohio y Virginia Oeste.

pensaba en las cosas maravillosas que podría aca-
rrear este largo viaje. Esperaba negociar con los
shawnees la obtención de un permiso para que los
misioneros entraran en el territorio de la tribu para
vivir y trabajar en medio de ellos.

Todo fue bien mientras la comitiva avanzó a lo
largo del río Susquehanna[2] —hasta vadear un arroyo—. A mitad de su cauce, la cincha de la montura
de Ludwig se rompió y él cayó de espaldas sobre el
agua helada, con la montura encima. El jefe Skikellimy y sus valientes estallaron en estruendosas
carcajadas.

Martin Mack, compañero de viaje de Ludwig, se
apresuró a echarle una mano: le quitó la montura y
le ayudó a levantarse.

—Pobre hermano —se disculpó avergonzado Ludwig—; soy una fuente inagotable de problemas.

Martin le dio una palmadita en la espalda.

—El camino es accidentado —replicó. Podría ha-
berle fácilmente sucedido a cualquiera. Póngase a
un lado y echaré un vistazo a su montura.

Una vez que la montura fue reparada y devuelta
al lomo del caballo, el grupo reanudó su marcha.
Viajaron durante algunos días, deteniéndose a la
caída de la tarde para levantar sus tiendas y preparar una frugal comida con los escasos víveres que
llevaban consigo.

Por fin llegaron a un grupo de aldeas. Como Ludwig se imaginó que tardarían varios días en ganarse la confianza de los shawnees, puso más cuidado
que de costumbre en escoger un sitio para colocar

---

2 Susquehanna: uno de los ríos más largos de los Estados Unidos,
nace en el lago Otsego en el estado de Nueva York, recorre las montañas
Appalachian, en Nueva york, Pennsylvania y Maryland, hasta desembo-
car en la bahía de Chesapeake.

su tienda. Finalmente escogió uno que le pareció bueno, como a unos dieciocho metros de las de sus compañeros.

Todo fue bien la primera noche. Al día siguiente, Ludwig se sentó en su saco de dormir y extendió sus libros y papeles junto a él. Escribió varios versos de un himno que estaba componiendo, tomó su diario y se puso a anotar la entrada del día. Mientras escribía, un pequeño movimiento le llamó la atención. No hizo caso. De inmediato, una gran serpiente se deslizó entre los papeles que tenía delante. Ludwig se quedó pasmado. ¿Qué debía hacer? No tenía idea. No se atrevía a respirar; sólo esperaba que la serpiente le atacara.

El reptil ignoró a Ludwig y se arrastró por encima de los papeles, desapareciendo por un costado de la tienda. Ludwig respiró profundo y dejó su pluma. De pronto, sin mediar aviso, la escena se repitió: otra serpiente se deslizó sobre los papeles y desapareció. Tan pronto como hubo desaparecido, Ludwig dio un gran salto y salió corriendo de su tienda. Rogó a los indios que comprobaran de dónde procedían las serpientes, pero le sorprendió su reacción. Examinaron la tienda y rompieron en una gran risotada. Un indio señaló un agujero en la tierra.

—Has puesto tu tienda sobre la boca de una guarida de serpientes —dijo, sacudiendo la cabeza con incredulidad—. O te acostumbras a las serpientes, o tendrás que buscar otro sitio.

Ludwig se ruborizó. En Sajonia nunca nadie se reía de él. ¡No se hubieran atrevido! Además, apenas cometía errores de esta clase. Era propietario de un castillo en Sajonia y no tenía que preocuparse de buscar un buen sitio para levantar la tienda. A pesar de su humillación, el conde Zinzendorf no se desanimó. Había ido allí con la misión de negociar con los shawnees y eso es lo que iba a hacer.

Cuando Ludwig se puso a hablar con los jefes shawnees, resultó obvio que la negociación no conducía a ninguna parte. Los shawnees no confiaban en él, no importa cuánto se esforzara por convencerles de que había venido como amigo, en plan de paz. Ludwig también notó que el jefe Skikellimy y los audaces que le acompañaban empezaban a sospechar de la verdadera intención de los shawnees.

Profundamente frustrado por la situación, Ludwig se sentó en su tienda una noche y derramó su corazón a Dios en oración para preguntarle qué debía de hacer. Al día siguiente, Conrad Weiser, un hombre con quien Ludwig había entablado amistad en la colonia, llegó a la aldea Shawnee. Era un mediador e intérprete bien conocido por los indios y los blancos. También era bastante respetado por los shawnees; él pudo evaluar prontamente la situación.

Esa misma noche Conrad y Ludwig se sentaron al fuego y charlaron.

—Conde Zinzendorf, han corrido gran peligro —comenzó diciendo Conrad—. Los shawnees planeaban matarles a todos.

Ludwid se quedó boquiabierto.

—¿Por qué? —balbució—. No les hemos hecho ningún daño.

—Los shawnees creían que usted era un agente de esos que pretenden echar mano a sus depósitos de plata localizados en su territorio. Por lo que decidieron que lo mejor para ellos sería matarles a todos y así enviar un mensaje a todo aquel que trate de venir en busca de su plata. Me las arreglé para convencerles de que ustedes no vinieron con esa intención; que no les interesa su plata —tan solo sus almas.

—Entonces, amigo mío, usted es una respuesta a la oración —exclamó Ludwig.

—Tal vez —repuso Conrad—, pero me temo que no he conseguido cambiar la opinión de los shawnees tocante a su petición de enviar misioneros para establecerse entre ellos. Lo rechazaron de plano.

—¿Qué vamos a hacer entonces?

—Bueno, quizá el tiempo cambie las cosas.

—Y la oración — añadió Ludwig.

Al día siguiente, el grupo recogió todas sus cosas y Conrad les condujo de vuelta por el mismo camino. Mientras cabalgaban, Ludwig sintió decepción por cuanto las cosas no habían ido como él había esperado, pero su celo no disminuyó. Creyó que con el tiempo los shawnees cambiarían de actitud e invitarían a los misioneros a vivir entre ellos y enseñarles.

A medida que recorrían la estrecha senda a lo largo del río Susquehanna, Ludwig pensó en su privilegiada vida en Sajonia. ¡Ay, si su abuela le viera ahora, despeinado, con piel de ante embarrada y escasas, exiguas raciones de comida en la mochila! Ella le acicalaba y le preparaba para situarle en la corte real de Dresde. Pero aquí estaba, menospreciando todas las comodidades y privilegios, siendo el primer noble europeo qué dejaba atrás los límites de la civilización, en América del Norte, para adentrarse en territorio indio. Ciertamente, su vida había discurrido por muchos vericuetos e inesperados desvíos del curso previsto que le habían trazado en sus años de crianza en Sajonia.

Capítulo 2

Esta vergüenza no me aplastará

Nicolaus von Zinzendorf era un niño de cuatro años; quiso gritar, pero se contuvo. También quiso saludar con la mano cuando el carruaje se alejaba por el camino, pero no quiso transmitir el mensaje equivocado: consentir que su madre se fuera sin él. ¿Cómo podía hacer esto? ¿Por qué? ¿No podía llevarle con ella? ¿Y por qué tenía que quedarse con su abuela? Nadie se había molestado en preguntarle lo que *él* quería.

Todos estos pensamientos y emociones le invadieron cuando vio cómo el cochero restallaba el látigo. El carruaje aumentó su velocidad y pronto desapareció entre los bosques circundantes. Ludwig quedó con la mirada perdida; las lágrimas le corrían por las mejillas. Su madre le dejaba atrás para irse a vivir con su nuevo marido, el mariscal de campo von Natzmer, en Berlín. Ludwig tendría que vivir con su abuela, su tía y su tío en el castillo de Gross-Hennersdorf, Alta Lusacia, a casi 100 kilómetros al este de Dresde[1]. No había conocido a su padre. Murió de tuberculosis cuando él sólo tenía seis semanas; y ahora, su madre también le abandonaba. No sabía si la volvería a ver.

Cuando Ludwig pensó que ya no podía soportar más dolor, sintió que su abuela le abrazaba.

—Vamos Ludwig. Todo saldrá bien. Yo cuidaré de ti, y Dios también. Ya lo verás —dicho esto, le guio hacia el interior del castillo.

La baronesa Henriette Katrina von Gersdorf cumplió su palabra. Cuidó bien de su nieto: es más, poco después lo encomendó a la dirección de un tutor atento. La vida de Ludwig cayó en seguida en una atareada rutina y después de no mucho tiempo el niño dejó de pensar en su madre a todas horas.

Por la mañana Ludwig desayunaba con su abuela y después iba a clase de lectura con su tutor. Almorzaba con la hermana menor de su madre y su hermano, la tía Henriette y el tío Nicolaus. Después de ocuparse en otros estudios por la tarde, con su tutor, Ludwig se sentaba a cenar en el vistoso comedor del castillo con su abuela, su tía y su tío.

Durante la cena la baronesa interrogaba a su nieto acerca de lo que había aprendido ese día. Ludwig sabía cuánto ella deseaba que le fuera bien en sus estudios. A diferencia de muchos nobles de su tiempo, la condesa había recibido una educación integral. Era una consumada pintora al óleo, dominaba

---

1. Dresde: Es la capital del estado federado de Sajonia, en Alemania. Ciudad duramente bombardeada en la Segunda guerra mundial.

el griego y el latín, y se interesaba especialmente por la teología.

Ciertamente, el aspecto educativo que más interesaba a su abuela y su tía era la formación espiritual de Ludwig. Tanto la familia Gersdorf como la Zinzendorf eran luteranos bien arraigados. Asistían a la iglesia varias veces a la semana, cantaban himnos y leían la Biblia cada día en el castillo. La baronesa von Gersdorf animaba a Ludwig a escribir sus propios himnos y poemas. También solía recordar a su nieto que su padrino, Philip Jacob Spener, había sido gran líder del pietismo alemán[2]. También, August Franke, otro líder del pietismo, solía alojarse en el castillo y prestaba especial interés a orar con Ludwig.

En efecto, prácticamente todas las personas que Ludwig conocía eran cristianas devotas. Por eso no es extraño que se educara creyendo que todos los niños oraban, cantaban himnos y leían sus Biblias. Ludwig tenía una fe sencilla y gran confianza en Dios. A menudo escribía sus oraciones en pequeños pedazos de papel que luego arrojaba desde una de las ventanas del piso de arriba, esparciéndolos al viento para que Dios los leyera. Y no tenía motivo para creer que Dios no leyera todas sus oraciones y las contestase.

La devoción de Ludwig a la oración y lectura de la Biblia evitó que el castillo fuera saqueado un día de 1706. A sus seis años, Ludwig estaba sentado a la mesa con su Biblia abierta, leyendo y orando, como solía hacerlo cada día, cuando de pronto la puerta de Gross-Hennersdorf se abrió de par en par

---

2. Petismo alemán: Movimiento de reforma dentro del Luteranismo alemán que se extendió más allá de Alemania.

y un destacamento de soldados suecos irrumpieron
en su interior. Los suecos habían invadido Sajonia,
el pequeño reino alemán donde vivía Ludwig, y los
soldados iban por el campo recogiendo suministros
en las granjas. Ludwig levantó la vista cuando los
soldados entraron y volvió a su oración y su lectura
bíblica. Los soldados se detuvieron en seco y le miraron. Ludwig siguió orando y acto seguido los soldados se marcharon.

Dos minutos después la baronesa von Gersdorf
y la tía Henriette llegaron corriendo a la habitación.

—Ludwig, Ludwig, estamos a salvo. ¿Qué dijiste
a los soldados? —jadeó su abuela—. Se fueron del
castillo diciendo que no podían saquear este lugar
porque Dios lo guardaba.

Ludwig se quedó perplejo.

—No hice más que leer mi Biblia y orar —replicó.

Su abuela atusó su pelo marrón.

—¿Tuviste un poco de miedo? —le preguntó.

—No, abuela —leí que incluso el viento y las olas
obedecen a Jesús y eso me hizo sentir seguro.

—Muy bien —asintió su abuela—. Dios nos puede proteger del peligro. Tendremos que contarle todo
a tu madre cuando venga la próxima semana.

—¿Va a venir mi madre? —preguntó Ludwig, em-
bargado de emoción.

—Sí —repuso la condesa—, justo venía a decírte-
lo cuando llegaron los soldados. Me ha escrito una
carta. También van a venir Fredrick y Susanne.

El corazoncito de Ludwig se aceleró. Fredrick y
Susanne eran sus hermanastros, del primer matrimonio de su padre. Ludwig era el único hijo del segundo matrimonio de su progenitor. Cuando murió
su padre, los dos niños mayores habían ido a vivir

con su tío Otto von Zinzendorf, mientras que Ludwig se había quedado con su madre hasta sus segundas nupcias.

Estando con su abuela, Ludwig siempre esperaba ver a su madre. Disfrutaba mucho de sus visitas —también disfrutó de ésta—, y seguiría disfrutándolas en los años sucesivos, hasta que una vez le envió un mensaje diciendo que iba a venir para llevarle consigo. En esa ocasión, Ludwig, con diez años ya cumplidos, temió su venida. Su madre y su abuela habían decidido que debía ingresar en un internado de la ciudad de Halle, a 190 kilómetros de distancia. Aunque las dos mujeres pensaban que este sería un buen lugar para que Ludwig estudiara, su tío Otto, quien controlaba el dinero de la familia Zinzendorf, no estaba contento con la decisión. Para él, Halle era un semillero de pietistas cristianos que ponían mucho acento en que la gente conociera y experimentara a Dios en sus corazones. Tío Otto quería enviar a Ludwig a un colegio luterano más tradicional que enfatizara buscar a Dios según las tradiciones y la teología de la iglesia. Pero al final, prevaleció la decisión de su madre y su abuela sobre la de Otto y éste aceptó sufragar la educación de Ludwig en Halle. De modo que, el 5 de agosto de 1710, la madre de Ludwig recogió a su hijo y sus pertenencias y se lo llevó del castillo.

Mientras el carruaje que transportaba al niño, su madre y su tutor, cuyo nombre era Christian Hohmann, traqueteaba por la campiña sajona hacia Halle, Ludwig iba sumido en sus pensamientos, preguntándose qué le esperaría cuando llegara a su destino. Finalmente, las palabras de su madre interrumpieron su meditación.

—Estoy segura de que te gustará vivir en Halle. Hay muchas cosas interesantes para visitar. El profesor Franke hace muchas otras cosas además de dirigir el *Paedagogium,* el colegio en el que vas a estudiar.

—¿Qué otras cosas hace? —preguntó Ludwig.

—Dirige un gran orfanato, una escuela para niños y niñas pobres y una imprenta que imprime Biblias. En Halle hay también un jardín botánico y una farmacia. Estoy segura de que vas a encontrar muchas cosas que te interesan —dijo su madre—. Desde luego, la vida en el campo con tu abuela ha sido divertida, pero ha llegado el momento de experimentar la vida de la ciudad. Al fin y al cabo, cuando seas mayor tendrás que servir en la corte real de Dresde, como hizo tu padre.

Ludwig no compartía el entusiasmo de su madre. Lo único que sabía es que dejaba atrás a su abuela, la tía Henriette y el cálido ambiente cristiano que ellas habían creado, en el que las diferencias se resolvían con oración y perdón. Trató de consolarse pensando que el colegio del profesor August Franke era un centro cristiano. Esperaba que su vida allí fuera tan placentera como lo había sido en el castillo de su abuela.

Por fin, las ruedas del carruaje crujieron por las calles adoquinadas de Halle. Ludwig se asomó por la ventanilla para ver la ciudad en la que iba a vivir. Era sombría en comparación con Gross-Hennersdorf. Los edificios que flanqueaban las calles estaban adosados, había gente por todas partes y apenas se veían árboles. Lejos quedaban los bosques y los prados por los que le gustaba deambular en torno al castillo. Para complicar las cosas, caía una lluvia constante

que impregnaba todo con humedad y pesadez. Finalmente, el carruaje se detuvo frente a un gran edificio
gris, de piedra. Un sirviente ayudó a Ludwig y su madre a salir de la diligencia y les condujo su interior. El
profesor Franke les esperaba en el vestíbulo.

—Condesa von Natzmer, encantado de verla —dijo
el profesor cortésmente.

La madre de Ludwig hizo una reverencia.

—Gracias, *Herr* Franke. Este es mi hijo Nicolaus
Ludwig von Zinzendorf. Se conocieron en el castillo
de mi madre.

August Franke hizo una pequeña reverencia y
estrechó la mano de Ludwig.

—Es un placer volver a verte. Haré todo lo que
pueda para que te sientas cómodo.

—Es bueno volver a verle —dijo Ludwig respetuosamente.

—Y éste es el tutor de Ludwig, *Herr* Christian Hohmann. Está preparado especialmente para enseñar
latín y francés. Estoy segura de que les resultará útil
—dijo la condesa.

Ludwig vio a su tutor inclinarse ante el profesor
Franke. Su madre le había dicho que era normal que
los hijos de la nobleza fueran acompañados de sus
propios tutores cuando ingresaban en un internado
y que Christian Hohmann daría lecciones a todos los
niños del colegio, aunque se alojaría con Ludwig y
vigilaría sus estudios.

—Tengo que marcharme pronto —dijo la madre
de Ludwig—. No es bueno para el niño que yo pierda
tiempo aquí. Pero antes de marcharme debo decirle
una cosa. Mi hijo es un niño despierto e inteligente,
aunque habrá que sujetarle para que no se enorgu-
llezca y presuma demasiado de su capacidad.

El profesor Franke asintió con la cabeza y Ludwig se ruborizó ante el comentario de su madre. Sintió aún más vergüenza cuando se dio cuenta que sus hermanos, que no estaban lejos, habían oído aquellas palabras. Ambos hermanos intercambiaron una sonrisa.

Para disgusto de Ludwig, las palabras que su madre dijera al profesor Franke se propagaron rápidamente por el colegio. En seguida los otros niños empezaron a mofarse de él. «Ahí va el niño demasiado listo e inteligente», decían riéndose. «Será mejor vigilarle. Tiene escrito el orgullo por todas partes».

Dondequiera que iba Ludwig, parecía que los alumnos susurraban y se daban con el codo unos a otros cuando él pasaba junto a ellos. En varias ocasiones, los chicos le pusieron la zancadilla por el pasillo y sus libros se derramaron por el suelo de mármol. Él los recogía lo más deprisa que podía y se apresuraba para llegar a clase, pero llegó tarde dos veces. Como el maestro no estaba dispuesto a escuchar su explicación, Ludwig sentía como la punzada de una paleta en su espina dorsal. Otra vez un alumno echó pimienta en su sopa y Ludwig tosió y escupió encima, con lo cual le hicieron permanecer fuera del comedor por el resto de la comida.

Por primera vez Ludwig cayó en la cuenta de cuán pequeño y enclenque era. En casa, en el castillo, no importaba que fuera bajo y le dolieran los pulmones cuando hacía ejercicio, pero en el colegio, era continuamente fastidiado por causa de su tamaño.

Todo ello significó un brusco despertar para un niño de diez años que estaba acostumbrado a ser amado y aceptado por todos los que le conocían. No es de extrañar que en cuestión de semanas Ludwig temiera levantarse de la cama por la mañana. Su tutor no estaba dispuesto a hacer nada acerca de la situación. A decir verdad, parecía complicar las cosas. Cuando Ludwig se quejaba de cómo los niños mayores se metían con él, Christian replicaba: «Te mereces el trato que te dan. Tu querida abuela no te puede proteger aquí. Es hora de curtirse y dejar de actuar como un chiquillo consentido».

En cierta ocasión a Ludwig se le saltaron las lágrimas, pero *Herr* Hohmann no había acabado su regañina: «Siempre pensé que tu abuela tenía un concepto demasiado elevado de ti, y si le dices que yo te he dicho esto, yo le diré a ella que eres demasiado perezoso para estudiar».

Ludwig se horrorizó. ¿Dónde podría obtener ayuda? ¿Qué sucedería si los chicos mayores llevaban a cabo sus amenazas de golpearle? ¿Quién creería que no era culpa suya? No tenía respuesta para todas estas preguntas.

El profesor Franke no era ciertamente el hombre a quien acudir. Él se creía las mentiras de Christian respecto a que Ludwig era perezoso. A la hora del almuerzo los chicos comían con el profesor. Se sentaban por orden de rango social, y como era conde del Sacro Imperio Romano —el rango más alto de los condes de la nobleza alemana—, Ludwig se sentaba junto al profesor Franke. Pero esta posición de honor le resultaba incómoda. Durante la comida el profesor fustigaba a Ludwig, se empeñaba en señalar todo lo que el niño aún desconocía. A veces, para probar su punto de vista, mandaba a Ludwig permanecer en la calle con orejas de asno sobre la cabeza y un cartel colgándole del cuello que decía «asno perezoso».

Ludwig vivía en un estado de temor y conmoción. A pesar de ser un colegio cristiano, la atmósfera del *Paedagogium* era muy distinta de la del castillo de su abuela. Parecía asemejarse más al infierno que al cielo sobre la tierra. A pesar del trato cruel, Ludwig rehusó permitir que las circunstancias le derrotasen. Cuando yacía sobre su cama por la noche, angustiado por el injusto trato al que había sido sometido durante el día, murmuraba para sí en latín: «esta vergüenza no me aplastará. Al contrario, me levantaré».

La orden del grano de mostaza

Después que Ludwig soportara el acoso de los otros chicos por casi dos años, poco a poco el maltrato empezó a menguar. Su vida escolar mejoró lentamente, aunque a veces le embargaba la nostalgia: se sentía sin familia y sin amigos. En 1712 se marchó Christian y vino Daniel, otro tutor, a reemplazarle. Daniel Cristenius era un erudito dotado y buen maestro, pero respetaba poco las convicciones de los pietistas y parecía descargar su frustración contra tales puntos de vista sobre Ludwig. *Herr* Cristenius se burlaba de su pupilo cuando intentaba orar o leer la Biblia, pero éste siguió haciéndolo de todos modos. Ludwig también buscó amigos entre los pocos chicos que no eran acosadores. A sus ruegos, un puñado de muchachos menos populares inauguró

breves reuniones de oración. Cuandoquiera y dondequiera que podían apartarse de la burla de los
otros niños, y de las mofas de Daniel, se reunían y
oraban fervientemente.

Un día del año 1712, a la hora del almuerzo, Ludwig estaba sentado en su sitio de costumbre junto
al profesor Franke. En la misma mesa, enfrente de
él, estaba sentado un hombre que había venido a
visitar al profesor.

—Permítanme presentarles a Bartholomaus Ziegenbalg —dijo el profesor Franke a los alumnos
mientras se servía la comida—. *Herr* Ziegenbalg es
licenciado por la Universidad de Halle y actualmente
misionero en la India con la misión danesa de Halle.

Ludwig aguzó los oídos al oír esto último. ¡Un misionero! Nunca antes había visto un misionero real
que sirviera en el extranjero. Tan pronto como se sirvió la comida, Ludwig se presentó a Bartholomaus.

—Por favor, cuénteme algo de su labor misionera
—solicitó amablemente.

Al principio Bartholomaus se sorprendió un poco
de que un niño de doce años se interesara por lo que
hacía, pero en seguida entró en el tema.

—Mi socio Heinrich Plütschau y yo hemos estado
trabajando en Tranquebar, costa sureste de la India.
La India es muy diferente de Europa. La lengua, la
comida, la gente, el clima —todo es distinto—. Poco
a poco, pero de forma constante, los tamiles están
respondiendo al mensaje de salvación.

Bartholomaus hizo una pausa y Ludwig se inclinó en su asiento, deseoso de oír más.

—Pero hemos sufrido unos cuantos reveses. La
Compañía Danesa de la India Oriental sospecha mucho de nuestra labor. Prefieren que dejemos a la gente

en paz y que nos vayamos a casa; nos han puesto muchos obstáculos. Incluso me han metido en la cárcel. Pero estamos progresando. La iglesia está creciendo y hemos traducido el Nuevo Testamento a la lengua local.

—¿De modo que domina el dialecto local? ¿Se llama tamil? —preguntó Ludwig.

—Sí. El tamil es un idioma muy distinto a las lenguas europeas, pero hemos conseguido aprenderlo —entonces Bartholomaus pronunció unas cuantas frases en tamil.

Ludwig quedó realmente impresionado. Y se sorprendió cuando un individuo que también estaba en el comedor respondió en la misma lengua. Los ojos de Ludwig se dirigieron hacia aquella voz y vio que al otro lado del comedor había un indio sentado. Ludwig había estado tan concentrado en la conversación con Bartholomaus que no se había fijado en el hombre. Pero una vez apercibido, se fijó bien en el primer hombre que tenía delante cuyo origen no era europeo. El hombre era de una complexión mediana, estaba vestido de blanco y su piel y su pelo eran tan negros como el azabache. Ludwig no podía apartar la mirada de él.

—Él es uno de nuestros primeros conversos y ahora nos presta un gran servicio —dijo Bartholomaus, acompañando la mirada de Ludwig.

Éste permaneció atónito durante la comida escuchando todo lo que Batholomaus contaba acerca de la misión en la India. Cuando terminó el almuerzo, sintió vivos deseos de contarle todo a su amigo suizo Frederick von Watteville.

—Frederick, durante la comida he mantenido una conversación increíble con Bartholomaus Ziegenbalg. Tiene historias interesantísimas que contar acerca de su vida en ese país. ¿Has visto al hombre indio que ha venido con él?

Frederick asintió y Ludwig le contó toda la información que había recibido.

—Voy a hacer un voto hoy —dijo Frederick muy seriamente cuando Ludwig hubo acabado de hablar—; voy a hacer todo lo que pueda para trabajar por la conversión de los paganos.

Ludwig estuvo de acuerdo.

—Me uniré a ti. Tal vez juntos podamos hacer más que cada uno por su lado.

—Estoy seguro de ello —concordó Frederick, dando una palmadita en la espalda a Ludwig—, aunque, por supuesto, queda fuera de toda duda que seamos misioneros. Piensa en lo que dirían nuestras familias.

Ludwig asintió apesadumbrado. Aunque se había criado con una abuela piadosa, el futuro le había sido cartografiado. Él era, como Frederick, hijo de una familia noble. Cuando terminara sus estudios en el colegio, iría a la universidad y después ocuparía su puesto en la corte real de Sajonia. Frederick seguiría el mismo camino en Suiza.

—Aunque nosotros no podamos ir, podemos buscar a otros que vayan y les ayuden a tener éxito —dijo Frederick.

—Claro que sí —repuso Ludwig, pensando algunas maneras en las que podría allanar el camino a los misioneros cuando fuera mayor—. Debemos recordarnos mutuamente esta promesa y ser fieles a ella.

Cuando Frederick y Ludwig contaron a sus amigos Anton Walbaum, Georg von Söhlental y Johannes von Jony el voto que habían hecho, éstos se entusiasmaron. Ludwig vio la oportunidad que se presentaba y formó una fraternidad de cinco miembros. Los chicos constituirían el núcleo de lo que después se conocería como «Orden del grano de mostaza». Ludwig tomó este nombre de un pasaje de la Biblia en el que Jesús comenta que el grano de mostaza es la más pequeña de las semillas pero se convierte en el más grande de los árboles. El nombre parecía apropiado, ya que ellos eran muchachos de doce y trece años con grandes sueños de enviar muchos misioneros por todo el mundo.

En junio de 1713 Ludwig no se encontraba bien y regresó al castillo de Gross-Hennersdorf. Sentía debilidad en el pecho y era propenso a problemas de pulmón. La baronesa von Gersdorf se preocupó particularmente porque tanto el padre como el abuelo de Ludwig habían fallecido a los treinta y tantos años, pese a haber vivido más que la mayoría de los varones Zinzendorf.

Mientras convalecía, Ludwig siguió estudiando bajo la dirección de su tutor. Finalmente, en septiembre, se sintió recuperado y pudo volver al colegio de Halle, aunque apenas tuviera deseos de hacerlo. Había resultado muy fácil volver a disfrutar del cálido y estimulante ambiente del castillo de su abuela.

De vuelta en el *Paedagogium*, Ludwig destacó en sus estudios. Al cabo de poco leía el Nuevo Testamento en griego y disfrutaba del griego clásico. También le gustaba el latín y hablaba francés con la misma fluidez que su alemán nativo. Además, disfrutaba con la poesía y compuso muchos poemas, algunos de los cuales sumaban hasta trescientos versos. Cuando el último año en el *Paedagogium* tocaba a su fin, Ludwig y su amigo Johannes finalizaron sus clases, y, como eran demasiado jóvenes para ir a la universidad, se les brindó una clase especial personalizada para que estudiaran ciencias, filosofía y teología.

Por fin, sus días en el *Paedagogium* quedaron atrás. Ludwig abandonó Halle en 1716, confiando regresar en el otoño para iniciar sus estudios universitarios. Pero no sería así. Cuando llegó al castillo de su abuela, descubrió que su tío Otto le había matriculado en la Universidad de Wittenberg. Para su tío, la Universidad de Halle era demasiado prusiana. Por otro lado, la Universidad de Wittenberg era sajona, único lugar adecuado para preparar a un joven destinado a servir al rey de Sajonia.

Ludwig se llevó una decepción al conocer la decisión de su tío, pero sabía que no serviría de nada quejarse. Cuando dijo a su abuela que iba a ir a estudiar en Wittenberg, le sorprendió que a ella le pareciera bien el cambio.

—Ha llegado el momento de que tu educación se corresponda con tu rango social —le dijo—. En unos cuantos años serás secretario de Estado, como lo fue tu padre, y debes defenderte, así como conducir debidamente los asuntos de Estado.

Ludwig pasó el verano en la campiña de Gross-Hennersdorf leyendo libros de la biblioteca de la baronesa, escribiendo poemas, atendiendo a las lecciones de su tutor y dando largos paseos con su tía Henriette.

El verano tocó a su fin y se acercó el tiempo de ingresar en la universidad. Ludwig y su tutor Daniel visitaron al tío Otto, quien dio a Ludwig por escrito instrucciones estrictas sobre cómo debía conducirse mientras estuviera en Wittenberg. El tío de Ludwig también dejó bien claras las cosas que esperaba que su sobrino aprendiera en la universidad. Entre otras, Ludwig tendría que hacer regularmente ejercicio y recibir lecciones de baile y de esgrima. Tendría que dormir un número regular de horas y asistir a cultos públicos, no a conciliábulos ni a reuniones religiosas privadas. El mensaje era claro. Ludwig tenía que mantenerse ocupado, aprender a actuar como un conde y evitar participar en actividades religiosas fuera de la Iglesia Luterana. Ludwig se alegró de que su tío Otto no supiera nada de La orden del grano de mostaza. Indudablemente ese conocimiento le hubiera hecho montar en cólera.

En agosto de 1716, Ludwig y Daniel, quien se emplearía a fondo para cerciorarse de que se cumplían las instrucciones del tío Otto, partieron para Wittenberg. Llegaron el 25 de agosto. Era el primer viaje de Ludwig a la ciudad. Al entrar en ella se asomó por la ventanilla de la diligencia para ver el lugar que tanta influencia había ejercido en el curso del cristianismo europeo.

El carruaje pasó frente a la iglesia del castillo, la gran iglesia medieval de piedra que había sido cuna del protestantismo, a cuya puerta un sacerdote sajón Martin Lutero, por aquel entonces profesor de la Universidad de Wittenberg, había clavado sus noventa y cinco tesis desafiando ciertas prácticas y doctrinas de la Iglesia Católica. Aunque ese hecho tuvo por objeto la reforma de la Iglesia Católica, condujo finalmente a la formación de la Iglesia Luterana y otras denominaciones protestantes en Europa. Ludwig divisó la iglesia con asombro. En pocas semanas, Wittenberg estaría celebrando el segundo centenario del osado acto de Martin Lutero, y había gente que se afanaba en limpiar y acondicionar el templo y sus alrededores para tan memorable ocasión.

Ludwig llegó finalmente a la universidad y se le mostró su alojamiento. Debía residir en casa del burgomaestre Keil, donde contaría con un salón privado y una combinación de estudio y alcoba. Contaría también con un sirviente para atender a sus necesidades. Todo era bastante elegante como correspondía a su clase social. Para dar un toque personal a su nuevo alojamiento, Ludwig llevó consigo varios retratos con marcos dorados, entre los que figuraban los de los reyes de Prusia y Polonia, el zar de Rusia, el de su abuelo von Gersdorf y el de su bisabuelo. Una vez que el sirviente hubo colgado los retratos en las paredes del salón y del estudio, Ludwig se sintió casi como en casa.

En seguida, Ludwig anduvo muy ocupado tratando de observar las directrices que su tío le había prescrito, si bien halló tiempo para escribir cartas en alemán, francés, griego y latín. Estudió filosofía, leyes eclesiásticas, leyes feudales e idiomas, aunque le costara trabajo el hebreo y le disgustaran las matemáticas. El tío Otto le había prohibido recibir clases de teología porque ello estimularía su extraña «preocupación por la religión», como él decía. No obstante, siempre que podía, Ludwig leía libros de teología y estudiaba la Biblia en griego.

Además de atender a sus clases, Ludwig jugaba al badmington, al ajedrez y al balón, una especie de fútbol que se practicaba con un gran balón de cuero hinchado. También asistía a clases de esgrima y de baile, como le había ordenado su tío, pero no le gustaba particularmente ninguna de esas actividades, ya que no creía en la lucha ni apreciaba valor alguno en el baile. Contempló estas actividades sólo como cosas que había que tachar en el intento por cumplir todas las exigencias de su tío.

Ludwig apartó tiempo para dedicar dos horas diarias a la oración y la meditación. También se las arregló para mantener el contacto con sus amigos del *Paedagogium* en Halle. A medida que los cinco jóvenes se escribían unos a otros, la Orden del Grano de Mostaza siguió adquiriendo forma. Sus miembros se comprometieron a ser fieles a las enseñanzas de Jesús, mostrar amor y bondad a sus semejantes, evitar los juegos de azar, procurar el bienestar de los demás en todo tiempo y trabajar por la conversión de otros. Ludwig mandó hacer anillos inscritos con las palabras: «Ninguno vive para sí mismo». Y envió uno a cada miembro de la orden, con un lazo de seda verde con una cruz y un árbol de mostaza bordados.

En Wittenberg, Ludwig se halló en medio de la controversia que tenía lugar en la Iglesia Luterana entre los pietistas y los tradicionalistas, quienes enfatizaban la estricta observancia de la teología y las costumbres luteranas. Dado que Halle era el centro del movimiento pietista y Wittenberg, centro de los tradicionalistas, Ludwig tenía buena noción de ambas partes de la controversia. Le disgustaba el chismorreo y la desinformación porque impedían que ambos bandos comprendieran realmente el punto de vista contrario.

Ludwig escribió un folleto titulado *Varios pensamientos sobre la paz de las iglesias luteranas divididas*, que fue bien recibido. Poco después trató de concertar una entrevista entre August Franke y

Wernsdorf, profesor de teología en Wittenberg, con la esperanza de resolver la disputa de una vez por todas. Fue un paso firme para un joven de dieciocho años, pero algo dentro de Ludwig le impulsaba. Le disgustaba que hermanos cristianos discutieran por cuestiones de religión.

Cuando la madre de Ludwig se enteró de su tentativa se horrorizó. Poco después éste recibió una carta de su padrastro, el mariscal de campo von Natzmer, prohibiéndole tener nada que ver con el intento de subsanar la brecha en la Iglesia Luterana. Era ridículo —escribió su padrastro— que un muchacho de dieciocho años se imaginara que podía hacer algo para cerrar una brecha tan difícil. A partir de ahora, Ludwig tendría que recordar que era un conde y que los condes no se entrometen en los asuntos de la iglesia. Los asuntos eclesiásticos correspondían a los clérigos.

Ludwig no tuvo más remedio que obedecer a su padrastro, máxime cuando su tutor Daniel observaba cada uno de sus movimientos y enviaba regularmente informes a su casa. Decepcionado por no poder hacer lo que había pretendido, Ludwig desistió de tratar de concertar una reunión entre los dos hombres. En vez de ello, concentró su esfuerzo en sus estudios, y al cabo de poco se graduó en la Universidad de Wittenberg. Después de su graduación, Ludwig hizo lo que todos los estudiantes ricos de aquel tiempo hacían: se tomó un año para hacer una gira por Europa y completar así su educación.

Capítulo 4

Ecce Homo

Ludwig ascendió los peldaños de piedra de la galería de arte de Düsseldorf. El portero hizo una reverencia y él movió la cabeza en reconocimiento de aquel gesto. Era el 20 de mayo de 1719, y ésta, la quinta galería de arte que visitaba desde que partiera de viaje una semana antes. Ludwig caminó en derredor, examinado detenidamente todas las obras exhibidas. Le acompañaban su nuevo tutor, *Herr* Riederer, y su hermanastro mayor Fredrick, quien sólo cubriría el primer tramo de su gran gira europea. La visita a la galería de arte se parecía mucho a las que ya había visto, hasta que se topó con un cuadro especial. Por alguna razón se sintió atraído. Se detuvo y lo analizó cuidadosamente. La pintura, de Domenico Feti se titulaba *Ecce Homo (He aquí el hombre)* y mostraba a Jesús con una corona de espinas en la cabeza. En el fondo del cuadro, el artista había escrito estas palabras:

Esto hice yo por ti.
¿Qué has hecho tú por mí?

La pregunta dejó a Ludwig estupefacto. Parecía flotar en el aire mientras él ponderaba qué había realmente hecho por Cristo. Las respuestas usuales le vinieron a la mente. Le había amado, leído la Biblia, orado y cantado himnos, pero de alguna manera todas estas cosas parecían insignificantes comparadas con todo lo que Cristo había hecho al morir en la cruz. Ludwig se repitió la pregunta: *¿Qué has hecho tú por mí?* Sus recuerdos volvieron al comedor del *Paedagogium* en Halle. Pensó en la vez que había estado sentado a la mesa escuchando todo lo que Bartholomaus Ziegenbalg, el misionero en la India, le había contado. ¡Ése era un hombre que estaba haciendo algo por Cristo!

«Yo haré más» —se prometió Ludwig a sí mismo, en silencio, delante de aquel cuadro—. «Mi vida no se malgastará en giras y visitas ociosas».

—¿Quieres ver el resto del museo? —le preguntó Fredrick, interrumpiendo con sus palabras los pensamientos de Ludwig—. Llevas aquí ensimismado como quince minutos.

—Ah sí, supongo que debo continuar —respondió Ludwig echando un último vistazo a aquel cuadro.

Ludwig siguió contemplando obras de artistas holandeses y alemanes, pero no pudo sacarse de la cabeza la idea de que había llegado el momento de hacer algo para Cristo.

La gran gira prosiguió por Leipzig, Eisenach, Frankfurt del Maine, Maguncia, y después, por Utrecht y Países Bajos, donde Fredrick se despidió para volver a casa. Ludwig se enroló entonces en un curso trimestral de la Universidad de Utrecht para estudiar teología y medicina. A pesar de todo lo que había visto y aprendido, nada le impresionó ni le transformó como la pintura del *Ecce Homo*.

A dondequiera que iba, el conde Ludwig von Zinzendorf, de diecinueve años, era invitado por la alta sociedad. En Amsterdam, cenó con el príncipe de Orange, cabalgó por la campiña con condes y visitó a algunos nobles. Pero todo ello le resultaba aburrido. Lo que realmente le entusiasmaba era reunirse con obispos y con gente común de todas las ramas del cristianismo. Habló con miembros de la Iglesia Reformada, cardenales católicos, luteranos, menonitas, armenios, anglicanos, místicos y pietistas, en todos los lugares que visitaba. Y cuánto más conversaba con diversidad de personas que representaban distintas perspectivas de la religión, más se convencía de que todos descubrirían que tenían mucho en común si se detenían a escucharse unos a otros.

Mientras viajaba, dos pensamientos —*¿Qué has hecho tú por mí?*, y *Todas las religiones cristianas tienen un vínculo común*— revoloteaban en la mente de Ludwig hasta converger en una gran idea. Allí mismo, en medio de una generosa gira por Europa, Ludwig comprendió cuál sería la tarea de su vida. ¿Qué podía hacer él por Cristo? Le pareció obvio: podía usar su vida y su dinero para intentar integrar a *todos* los cristianos en una gran familia —una comunidad que aceptara y tolerara las diferencias entre ellos.

Cuando él y *Herr* Riederer llegaron a París, Ludwig apenas pensaba en otra cosa. Cumplió con su obligación y visitó la corte del duque de Orleans, el regente francés, y su madre, la duquesa viuda

Charlotte Elizabeth, pero su corazón estaba en buscar personas que practicaran lo que Ludwig denominaba el «cristianismo del corazón». Encontró a muchos cristianos con quienes confraternizar en París, incluido el representante de la Iglesia Católica en la capital, el cardenal Noailles. Al principio, el cardenal invirtió muchas horas tratando de convertir a Ludwig al catolicismo, pero al final confesó que el intento era tiempo perdido y aceptó centrarse en las creencias que ambos tenían en común y no en las que les dividían. Ludwig se alegró tanto de conocer a un hombre cuyo corazón ardía de amor por Dios que invitó al cardenal a unirse a La orden del grano de mostaza. El cardenal aceptó agradecido el honor y fue el primer católico que se incorporó al grupo.

El tutor de Ludwig hizo todo lo que pudo por convencer a su pupilo de no pasar tanto tiempo con gente religiosa.

—Oigo extraños rumores de ti —dijo a Ludwig— Nadie entiende por qué no aceptas invitaciones los domingos.

—No tienen más que preguntarme —replicó Ludwig—. La respuesta es bastante simple: Seguiré dedicando los domingos a la oración y el estudio de la Biblia para beneficio de mi alma. Que la gente piense lo que le plazca.

—Y el regente piensa que eres pietista porque no juegas ni bailas con las damas de su corte —insistió *Herr* Riederer. Ludwig se echó a reír.

—¡Resulta irónico que los pietistas no me reconozcan como suyo porque me relaciono con un cardenal! Entonces, ¿qué debo hacer?

—Podrías intentar dedicar más tiempo a la caza y a conversar con otros hombres de tu rango —repuso secamente *Herr* Riederer—. Así tendría un mejor informe que dar cuando llegue a Gross-Hennersdorf.

—Puede que sí —replicó Ludwig—, pero ya no soy estudiante, y mi madre y mi abuela me dijeron que asumiera las causas que más me interesaran durante la gira. A propósito, ¿has visto el hospital Hotel Dieu?

—No —contestó *Herr* Riederer.

—Deberías acompañarme esta tarde. Es un hospital asombroso. Acepta incluso a los más pobres de los pobres. Los cristianos que lo dirigen están muy dedicados. Tienes que verlo. Me encanta pasar tiempo en él conversando con los pacientes y los doctores.

Herr Riederer sacudió la cabeza.

—No has prestado atención ni a una sola palabra de las que te acabo de decir. Te va a hacer falta alguien más persuasivo que yo para apartarte de tus planes. De eso no me cabe duda.

Los dos hombres estuvieron en París todo un año. Ludwig aprovechó la oportunidad de estudiar inglés y francés y recibir lecciones de hípica. Cuando llegó septiembre de 1720, todo su tiempo se había consumido y tenía que volver a casa. Como los estudios de Ludwig habían concluido, *Herr* Riederer dejó a Ludwig en París y regresó directamente a Sajonia. Ludwig ya no necesitaba tutores. Finalmente se quedó solo y decidió viajar a través de Suiza hacia el castillo de su abuela. De camino a casa, trató de detenerse en varias ciudades y villas y entrevistarse con dirigentes eclesiásticos. También quería visitar a sus dos tías, hermanas de su padre. Ambas estaban casadas con maridos de la nobleza. Una era condesa de Polheim, y la otra condesa de Castelle.

Ludwig había tenido anteriormente un encuentro breve con sus tías, pero le encantó el hecho de poder conocerlas mejor, como también a sus familias. Primero fue al castillo de la condesa de Castelle. Hacía poco que su marido había muerto y Ludwig quiso saber si necesitaba algún tipo de ayuda. Pronto descubrió que ella apenas tenía idea de cómo administrar su dinero o su hacienda. Se puso a trabajar para desenredar sus libros de cuentas y establecer un sistema que ella pudiera entender.

La condesa de Castelle tenía dos hijas. Una se llamaba Theodora y tenía dieciocho años, cuya ayuda reclamó Ludwig. Él se instruyó a sí mismo que Theodora tenía que saber cómo ayudar a su madre cuando él se fuera. Pero tenía otro motivo para que ella le ayudara, que Ludwig difícilmente reconoció para sus adentros. Se estaba enamorando de Theodora. O al menos eso pensó. No era fácil discernirlo, ya que había pasado poco tiempo con chicas de su edad.

A medida que fueron pasando las semanas, Ludwig se convenció de que aquella mujer bonita de ojos oscuros sería una esposa maravillosa. Se armó de coraje para hablar de ello con su tía. A ella le encantó la idea y prometió deliberarlo con Theodora.

Theodora se mostró tímida al respecto, pero eso no le importó a Ludwig, porque sabía que las hijas de la nobleza no debían dar la impresión de estar deseosas de casarse. En un arranque de entusiasmo Ludwig manifestó que regresaría a su casa para tratar el asunto con su madre y su abuela y que si lo aprobaban, volvería en enero para anunciar oficialmente su compromiso

Ahora Ludwig tenía una buena razón para darse prisa en volver a casa. Cuando llegó al castillo a fines de noviembre, halló que algunas cosas habían cambiado en su ausencia. Su abuela estaba bastante delicada, y su hermana se había trasladado al castillo para ayudarla. Su tía Henriette había asumido la administración de las haciendas de Gross-Hennersdorf y de Berthelsdorf. Henriette había fundado un pequeño orfanato y una casa para los pobres en Hennersdorf.

Todos se alegraron de volver a ver a Ludwig. Su abuela se llevó una gran sorpresa al oír su plan de casarse con Theodora, pero le concedió permiso, así como su madre, a quien visitó por Navidad.

Tan pronto como le fue posible, Ludwig partió en una diligencia hacia la Selva Negra para hacer una proposición formal a Theodora. Todo fue bien hasta llegar al río Elster, que la diligencia debía cruzar por un vado cerca de Ebersdorf. El carruaje llegó a la mitad del agua, cuando de repente se produjo una sacudida seguida de un crujido y resquebrajamiento de madera. Entonces el carruaje viró hacia la izquierda, catapultando a uno de los cocheros en el agua gélida y lanzando a Ludwig al suelo de la diligencia. El agua helada empezó a colarse por debajo de la puerta, por lo que Ludwig tuvo que abandonar la diligencia y vadear hasta la orilla. Miró hacia atrás y vio lo que había sucedido. La rueda delantera izquierda había dado contra una gran piedra lo que provocó que quedara inutilizada, y el carruaje, atascado en el fondo del arroyo.

Como los cocheros estaban perplejos y no sabían qué hacer, Ludwig recordó que no hacía mucho habían pasado frente a un castillo. Desenganchó uno de los caballos y galopó para pedir ayuda. Para su sorpresa, descubrió que el castillo pertenecía a la familia Reuss. Ludwig había conocido a uno de sus hijos, el conde Henry Reuss durante su estancia en París. El conde había hecho una gira similar y los dos jóvenes hallaron que tenían muchas cosas en común.

Tan pronto como Henry se enteró de la desgracia de Ludwig, envió a varios criados a sacar el coche del agua y llevarlo al castillo para repararlo.

Aquella misma noche, durante la cena, Ludwig se sentó con Henry, su madre y su hermana Erdmuth. Mientras cenaban, sostuvieron una conversación que alteraría las vidas de Ludwig y de Henry. Henry fue el que sacó el tema a colación.

—Ahora que he vuelto de mi viaje, mi madre piensa que ha llegado la hora de casarme —dijo medio en broma.

—¿Se lo has pedido a alguien? —repuso Ludwig.

Henry negó con la cabeza.

—Hay varias mujeres jóvenes elegibles. Veamos: mi madre me ha hecho muchas sugerencias, pero mi elección favorita sería la condesa Theodora von Castelle.

—Oh —intervino la madre de Henry—, creo que sería mejor tacharla de la lista. Ya no está disponible —y esbozó una sonrisa cómplice a Ludwig.

Ludwig notó que las orejas se le enrojecían. Que él supiera, nadie aparte de su familia tenía noticia de su próximo compromiso, y no tenía ni idea de que su amigo Henry también quisiera casarse con Theodora.

La conversación discurrió por otros derroteros, pero la mente de Ludwig volvía una y otra vez a las palabras de Henry. Intentó recordar exactamente lo que Theodora le había dicho cuando se marchó.

¿Estaba ella tan entusiasmada por su casamiento como él?, o ¿había él pasado por alto su reticencia debido a su propio entusiasmo? ¿Estaba ella realmente enamorada de Henry y no sabía cómo decírselo? Tales pensamientos le turbaban, y por la mañana Ludwig tomó una decisión.

—Henry —dijo Ludwig, cuando los dos jóvenes bajaban a desayunar—, hay algo que quisiera decirte. Estoy de camino al castillo de Castelle para comprometerme oficialmente con la condesa Theodora.

—Pero —balbució Henry—, ¿cómo la conoces?

—Es mi prima —replicó Ludwig—; pero esa no es la cuestión.

—Entonces, ¿cuál es? —preguntó Henry, con un semblante entre confundido y avergonzado.

—No puedo comprometerme con ella conociendo la alta estima en que la tienes e ignorando qué piensa ella de ti. Si ella te tiene en tan alta estima como tú a ella, de buena gana me apartaré y permitiré que el amor siga su curso verdadero.

—¿Qué estás diciendo? —preguntó Henry, deteniéndose en los últimos peldaños.

—Lo que digo —dijo Ludwig prudentemente— es que debes acompañarme al castillo de Castelle para preguntar a Theodora con quién de los dos quiere casarse.

—No, no puedo aceptarlo. No si ya han llegado a un acuerdo —exclamó Henry.

—Y yo no pienso seguir con nuestro plan hasta cerciorarme de que eso es lo que ella quiere. De manera que el asunto queda zanjado. Tan pronto como esté arreglada la diligencia, reanudaremos el viaje.

Y así fue. Los dos jóvenes llegaron al castillo de Castelle y fueron recibidos por una Theodora muy

sorprendida. Ludwig le explicó lo que había sucedido y ella confesó con lágrimas que había estado
secretamente enamorada de Henry por algún tiempo
pero los nervios le habían impedido tratar el asunto
con Ludwig.

Entonces el asunto queda zanjado —dijo Ludwig—. Que se cumpla la voluntad de Dios. Les deseo
a ambos la mayor felicidad.

El 9 de marzo se celebró un servicio formal de
iglesia para anunciar el compromiso de la condesa
Theodora con el conde Henry Reuss. Ludwig superó
su dolor de corazón e incluso compuso una cantata
que ejecutó durante el servicio religioso. Se marchó
nada más de terminar la ceremonia, después de haber visto a su prima felizmente prometida, pero no
a él.

Todo ello dio a Ludwig motivo de reflexión. Resolvió no volver a buscar esposa sin orar y esperar que
Dios le mostrara la esposa idónea para él. Mientras
tanto, tenía muchas otras cosas para mantenerse
ocupado.

Desde que acertaba a recordar, Ludwig había de-
seado ser ministro luterano, y su gira por Europa
le había aportado más certeza, si cabe, de que este
era su destino. Sólo había un problema. Tanto su
madre como su abuela se oponían diametralmente a
la idea. No era lo más indicado para un conde, especialmente de una orden tan alta como la de Ludwig,
rebajarse para ser pastor. No había posibilidad de
discutirlo con ninguna de las dos mujeres. Un conde podía ser patrón de la iglesia pero nunca obrero
de la misma. Para ir en pos de su vocación Ludwig
tendría que desobedecerlas, y esto era algo que no
podía hacer en conciencia. Se recordó a sí mismo

que el quinto mandamiento era «honra a tu padre y a tu madre» y eso era lo que tenía que hacer.

En vez de ello, Ludwig siguió los deseos de su abuela y fue consejero en la corte de Augustus el Fuerte, rey de Sajonia. Este era un cargo importante que exigió a Ludwig trasladarse a Dresde. No obstante, a pesar de ser consejero en la corte real, dedicaba todo su tiempo libre y todo el domingo a leer, orar y escribir.

En mayo de 1721 Ludwig alcanzó la mayoría de edad y recibió la herencia que su padre le había dejado, y que consistía en una suma considerable de dinero. Después de orar y de considerarlo detenidamente, decidió comprar la hacienda de Berthelsdorf a su abuela.

La propiedad consistía en una aldea laberíntica y deteriorada, una iglesia luterana y varias granjas. Ludwig confió en poder convertirla un día en una pequeña comunidad cristiana. Al asomarse a las colinas y valles boscosos de su nueva hacienda, no tenía idea de que pisaba un pedazo de terreno que un día le haría famoso, como también un proscrito.

Capítulo 5

Herrnhut

Ludwig nombró a Johann Heitz, suizo pietista, administrador de su propiedad, y en abril de 1722 designó a John Rothe pastor luterano de la parroquia de Berthelsdorf. Entonces dijo a John: «Adquirí esta propiedad porque quería compartir mi vida con los campesinos y salvar sus almas para Cristo. Así pues, Rothe, ve a la viña del Señor. En mí encontrarás un hermano y un ayudador, no tanto un patrón».

No mucho después de ser nombrado, John visitó a Ludwig en compañía de un amigo a quien presentó con el nombre de Christian David. Christian tenía diez años más que Ludwig y había nacido en Moravia, región localizada a poco más de trescientos kilómetros al sudeste de Sajonia. Se convirtió al cristianismo a los veintisiete años, estando en Görlitz, Sajonia.

Después de su conversión, Christian empezó a hacer giras de predicación por Moravia, en donde conoció a varios cristianos perseguidos descendientes de un grupo conocido como *Unitas Fratrum,* o Unidad de los hermanos. Ludwig nunca había oído hablar de este pequeño grupo y deseaba conocerles. Christian le dijo que las raíces de los *Unitas Fratrum* se remontaban a las enseñanzas del reformador Jan Hus, quien fue acusado de herejía y quemado en la hoguera en Praga, en el año 1415. Aunque el grupo había sido perseguido a lo largo de buena parte de su existencia, después de la Reforma, la Iglesia Católica lo persiguió de una manera aún más intensa.

—Conde Zinzendorf —comenzó diciendo Christian respetuosamente—, un grupo de cristianos que se hacen llamar «Semilla escondida» buscan un lugar donde establecerse y practicar sus creencias sin el estorbo de las autoridades eclesiásticas. He oído que usted puede permitir que algunas de estas personas vengan a asentarse en su propiedad de Berthelsdorf.

Ludwig pensó en el voto que había hecho a *La orden del grano de mostaza.* Había prometido hacer bien a sus semejantes. Y ahora tenía noticia de un grupo de cristianos oprimido y perseguido. No podía dar más que una respuesta afirmativa.

—Les cederé terreno para construir y Cristo les dará descanso —contestó Ludwig a Christian.

Ludwig no meditó mucho en la conversación que sostuvo con Christian. Su trabajo en Dresde le acaparaba mucho tiempo. El canciller le mantenía ocupado negociando asentamientos de ciudadanos y resolviendo reclamaciones de tierras. Pero aunque tuviera mucho que hacer, la labor era relativamente sencilla y, a medida que transcurrían los meses, Ludwig se aburría desempeñándolo. Se recordaba constantemente a sí mismo que no estaba sino honrando los deseos su madre y su abuela y que un día Dios le concedería los deseos de su corazón. Ese tiempo lo superó entregándose a la escritura de himnos para expresar sus sentimientos. Le gustó especialmente un himno que tituló «Guíanos Jesús». Decía así:

Guíanos Jesús hasta alcanzar descanso;
Y aunque sombrío el camino resulte,
Avanzaremos serena, audazmente.
Que tu diestra nos encamine
A la patria celestial.

Si el camino es gris y lóbrego
O si el enemigo acecha,
Que infiel temor no nos venza; que
La fe y la esperanza no nos falten,
Porque a través de muchas aflicciones
Alcanzaremos el celestial hogar.

Para Ludwig, la vida en Dresde fue mayormente triste y monótona, exceptuando una cosa —las reuniones de los domingos por la tarde—. Las reuniones, celebradas en su apartamento, comenzaban a las tres y duraban cuatro horas. Todo el mundo, noble o campesino, era bien recibido, tanto los que buscaban la verdad como los que creían firmemente en Cristo. Ludwig dirigía a la gente cuando leían juntos el Nuevo Testamento, oraban y comentaban temas espirituales. Y aunque a él siempre le había gustado conversar sobre dichos asuntos, esta era la primera vez que oía a las clases sociales más bajas. Aunque esa gente no conociera el griego, el hebreo o el latín, a Ludwig le impresionaba su discernimiento de la Biblia. La idea de que todos, ricos o pobres, cultos o analfabetos, nobles o pueblo llano, tuvieran algo con que contribuir a la reunión sorprendió y deleitó a Ludwig y le inspiró a continuar asistiendo a lo largo de deprimentes semanas.

Aunque le hubiera gustado visitar Berthelsdorf más a menudo, Ludwig se alegró de la manera en que las cosas iban progresando. Creía que Johann Heitz y John Rothe eran los hombres adecuados para supervisar las necesidades administrativas y espirituales de su propiedad. Ambos eran también buenos escritores de cartas y mantuvieron a Ludwig al tanto de lo que sucedía en ella.

A primeros de junio, Ludwig recibió una carta de Johann informándole que Christian había regresado de Moravia con la familia Neisser. Ludwig se asombró de lo rápido que había actuado Christian. Había esperado que transcurrieran varios meses hasta que Christian llegara de Moravia a su propiedad.

Johann también le notificó que había marcado una parcela de terreno como a un kilómetro y medio de la aldea para que vivieran los refugiados. Él escogió ese lugar porque estaba en el camino entre Lobau y Zittau. Dado que los hermanos Neisser eran cuchilleros de oficio, y hacían, afilaban y reparaban aperos del campo, Johann pensó que el mejor sitio para desarrollar su actividad sería cerca de un lugar de tránsito constante de viandantes.

El lugar donde se establecieron los refugiados de Moravia era conocido como Hutberg, o Colina Vigía, y en su entusiasmo, Johann intimó a Ludwig que había llamado a aquel lugar Herrnhut. Para explicar su elección escribió:

Que Dios os conceda excelencia para edificar en la colina llamada Hutberg una ciudad que no sólo habite bajo la vigilancia del Señor [*Herrn-hut*], sino que todos sus habitantes continúen residiendo bajo su protección, para que no guarde silencio ni de día ni de noche.

A medida que pasaban los días, Ludwig pensó más en los refugiados de Herrnhut. ¿Cómo les iba en el inusitado verano húmedo? ¿Se habían hecho amigos de la gente nativa de Berthelsdorf? Y sobre todo, ¿qué les depararía el futuro?

Ludwig también pensó en su propio futuro. Se había adaptado a la idea de no contraer matrimonio con Theodora, pero todavía deseaba casarse. Esta vez, no obstante, oró fervorosamente antes de hacer otra proposición.

La mujer que tenía en mente era la condesa Erdmuth Reuss, hermana del conde Henry Reuss, quien se había casado con Theodora. Ludwig había conversado con ella un poco la primera vez que visitara Ebersdorf. Desde entonces había regresado en varias ocasiones a visitar a Henry y Theodora. En esas visitas esperaba ver a Erdmuth. Era una mujer alta y atractiva con cejas altas y arqueadas y rostro ovalado. Era inteligente, como su madre y su abuela, pero lo que más le gustaba a Ludwig era la forma en que vivía su fe. Por una vez había encontrado a alguien con reputación de ser más piadosa que él. Erdmuth y su hermana mayor, Benigna, tenían fama por los maravillosos cultos cristianos que celebraban en el castillo para sus siervos y por la amabilidad que mostraban tanto a amigos como a extraños.

Todos estos rasgos de carácter impresionaron vivamente a Ludwig, y en esta ocasión tuvo la seguridad de haber hallado la esposa adecuada. Escribió a la madre de Erdmuth manifestándole su deseo de casarse con su hija. Intentando ser lo más honesto que pudo acerca de su futuro incierto y su pasión por Dios, escribió:

> Preveo muchas dificultades en este caso: Soy una pobre adquisición para cualquier persona, y la querida condesa Erdmuth no sólo habrá de emprender conmigo una vida abnegada, sino también cooperar en mi principal designio, a saber, ayudar a los hombres a ganar almas para Cristo, frente al oprobio y la recriminación, para prestarme un servicio útil.

La propia Erdmuth contestó diciendo que estaba dispuesta a seguir a Ludwig en todo lo que se sintiera guiado a hacer. Esto supuso un gran alivio para él, con lo que se fijó la fecha de la boda para el 7 de septiembre de 1722. La pareja fue casada por el capellán de la corte en el castillo de Reuss, en Ebersdorf. Ludwig tenía veintidós años y Erdmuth veintiuno.

Los recién casados se alojaron en Ebersdorf varias semanas después de la boda y antes de volver a Dresde, donde Ludwig volvió a desempeñar la tarea de consejero de la corte. Ludwig y Erdmuth alquilaron un apartamento del burgomaestre de la localidad y en él establecieron su hogar. Como parte de su regalo de bodas, la baronesa von Gersdorf envió a la pareja un suntuoso mobiliario. También envió una carta a Erdmuth dándole la bienvenida en la familia y expresándole su esperanza de encontrarse pronto con ella.

Hasta el 2 de diciembre de 1722 Ludwig no se vio liberado de sus responsabilidades en la corte para viajar a Berthelsdorf con su esposa. Él quería pasar la Navidad con su familia e inspeccionar los planes para la mansión que pensaba construir allí. Sucedió que su antiguo amigo y miembro de *La orden del grano de mostaza*, Frederick von Watteville, se hallaba de visita en Dresde y les acompañó.

Los altos pinos y hayas[1] arrojaban su alargada sombra sobre la carretera a medida que los tres cansados viajeros transitaban hacia Berthelsdorf. Cuando se acercaban a su destino, el sol ya se había puesto y la oscuridad les iba envolviendo. Mientras avanzaban, Ludwig notó una luz que brillaba a través de la espesura del bosque.

—Pare —mandó al cochero—. Quiero investigar algo —luego se volvió hacia Erdmuth y Frederick—. ¿Ven esa luz en el bosque? No estoy equivocado, esa es la casa en la que la que se ha establecido la familia Neisser de Moravia. Busquemos la senda que lleva hasta ella.

Ludwig saltó de la diligencia y se adelantó un poco. La luna llena que se levantaba por encima de los árboles le suministró luz suficiente.

—Aquí está —dijo Ludwig, haciendo una indicación con la mano a su esposa y compañía y diciendo al cochero—: quédese aquí; no tardaremos mucho.

Erdmuth y Frederick siguieron a Ludwig por el frío bosque hasta llegar a una casa de madera de dos plantas. Llamó a la puerta. Inmediatamente oyó los pasos de unos piececitos correr y un niño como

---

1 Hayas: Nombre común de diversas especies de árboles fagáceos de hasta 40 m de altura, tronco grueso y liso de corteza gris y ramas de gran altura con hojas ovales.

de unos siete años abrió. El niño se quedó boquiabierto al ver la ropa de Ludwig.

—Hola jovencito —dijo Ludwig, dando una palmadita en la cabeza del niño.

Una mujer apareció e hizo una profunda reverencia cuando vio a los tres viajeros.

Entonces se sentaron todos junto al fuego. Y se
presentaron Agustín y Marta Neisser, como también
Jacob, hermano de Agustín, su esposa Anna y su
hijo Wenzel.

—Creí que tenían más hijos —dijo Ludwig— tal
vez dos gemelos.

Jacob agarró la mano de su mujer.

—Sí que los teníamos —contestó—, pero el Señor
consideró oportuno llevarse a los pequeños gemelos
hace un mes, y hace una semana, a nuestra hija
Anna, de tres años, se le encharcaron los pulmones
y no se recuperó.

—Lo lamento mucho —dijo Erdmuth. Es muy difícil aceptar estas cosas, pero se cumple la voluntad
del Señor.

—Sí —concordó Jacob—, aun cuando hemos soportado grandes pruebas, estamos seguros de que
Dios nos ha guiado aquí. No salgo de casa sin pensar en las palabras de mi abuelo George Jaeschke.
Cuando vio el ángel de la muerte acercarse a él hace
quince años, reunió a su familia y nos dijo: «Es cierto que nuestras libertades han desaparecido y que
nuestros descendientes han dado paso a un espíritu mundano... Puede parecer que ha llegado el final
de la Iglesia de los Hermanos. Pero, queridos hijos,
veréis una gran liberación. El remanente será salvo.
Cómo, no lo sé, pero algo me dice que tendrá lugar
un éxodo y que se os ofrecerá un refugio en un país y

en un lugar en el que podrán, sin temor, servir al Señor conforme a su santa Palabra. Cuídense cuando se produzca el éxodo, porque seréis de los primeros en salir. No esperen hasta el final. Recuerden lo que les he dicho.

Ludwig se conmovió bastante cuando oyó estas palabras.

—Son muy bienvenidos de vivir aquí y practicar su religión sin correr ningún peligro —dijo—. Ahora me gustaría orar por todos ustedes.

Habiendo dicho eso se arrodilló en el suelo. Todos los demás hicieron lo propio y Ludwig pidió a Dios que protegiera y guiara a esta familia que ya había soportado tanto sufrimiento.

Al día siguiente, Christian y Johann llevaron a Ludwig y Frederick a ver los planos que habían preparado para el desarrollo de Herrnhut. Christian estaba tan emocionado que apenas podía ordenar debidamente las palabras. Habló de una gran ciudad que se elevaba sobre las colinas, con anchas calles, patios adoquinados, una biblioteca, una escuela, un hospital y una imprenta.

Ludwig pensó para sí que el plan se debía principalmente a la desbocada imaginación de Christian. No estaba convencido de que otros refugiados se sumaran a los Neisser. No obstante, Ludwig no tuvo en cuenta la acendrada pasión de Christian de librar a los protestantes de la persecución que estaban sufriendo de manos de los sacerdotes y la nobleza católica.

Christian regresó a Moravia para instar a otros miembros de la familia Neisser a reunirse con sus hermanos en Herrnhut. Otros dieciocho peregrinos partieron en la quietud de la noche sin nada más que hatillos de ropa a sus espaldas y unos cuantos panes. La noticia de lo que Christian estaba haciendo corrió como la pólvora y poco después se enteró de que ciertos católicos airados habían quemado su casa. Pero esto no le detuvo; al contrario, fue de aldea en aldea, instando a otros a huir con él.

Ludwig y Erdmuth tuvieron que volver a Dresde, pero las cartas de Johann les mantuvieron informados de las nuevas llegadas a Herrnhut y de los muchos episodios asombrosos de escape. Algunas personas habían sido encarceladas y después se encontraron las cadenas rotas o las puertas misteriosamente abiertas. Un hombre que había sido encarcelado en un castillo halló una cuerda escondida en su celda y la usó para descender tres plantas. Todas estas cosas entusiasmaban a Ludwig. Los sacrificios de la gente y sus relatos milagrosos de escape le recordaron sucesos acaecidos en el libro de los Hechos.

Johann también enviaba regularmente informes sobre asuntos más terrenales, incluido el progreso de la mansión que iba poco a poco cobrando forma. Muchos refugiados se emplearon en el proyecto como albañiles y carpinteros.

Finalmente, en agosto de 1723, después de muchos retrasos, la mansión de los Zinzendorf estuvo lista para ser habitada. Ludwig tomó una excedencia en la corte real por el verano y se apresuró en ir a Berthelsdorf con su esposa para admirar la nueva casa, grande, cuadrada, de cuatro plantas, que la pareja llamaría Bethel. En el dintel de la puerta Ludwig mandó inscribir en letras doradas estas palabras:

Aquí pernoctamos como huéspedes:
Ésta no es casa hermosa ni permanente.

Porque en nuestra celestial morada
Novedoso es todo y muy diferente.

Junto con estas palabras fueron inscritas las citas bíblicas de Zacarías 9:12 y 2 Corintios 5:1-2.

Ludwig no perdió su celo piadoso cuando estuvo
en Dresde. Es más, sucedió justamente lo contrario. Cuanto mejor conocía la vida de la corte, más
anhelaba involucrarse en la obra cristiana. Y como
estaba de vuelta en Berthelsdorf por algunos meses,
se puso a trabajar y a poner en práctica sus planes.

Para llevar esto a cabo, Ludwig comprendió que
necesitaba un pequeño equipo de personas comprometidas que le ayudaran. Lo mismo que hiciera con
un alumno del *Paedagogium*, invitó a otros a incorporarse. En concreto, a tres personas: Frederick von
Watteville, quien había acompañado a Ludwig desde
la última Navidad; John Rothe, pastor de Berthelsdorf; y Melchior Schaeffer, pastor de una parroquia
vecina. Los hombres se auto-denominaron: *Pacto de
los cuatro hermanos* y se comprometieron, junto con
sus esposas, a vivir vidas santas; animar a otros a
hacer lo propio; trabajar por un avivamiento espiritual; publicar literatura edificante y fundar escuelas
cristianas.

Una vez sellado este compromiso entre ellos, los
Cuatro hermanos pusieron manos a la obra. Con-
trataron a un impresor llamado Gottlieb Ludwig e
hicieron preparativos para instalar una imprenta en
Berthelsdorf. Pero esta tarea resultó difícil. La corte
real sajona no aceptó siquiera que un miembro de
la corte tuviera la capacidad de publicar material de
lectura y prohibió a Ludwig instalar una imprenta
en Sajonia.

No obstante, los cuatro no serían fácilmente de-
rrotados. Se les ocurrió el plan de instalar la imprenta en Ebersdorf bajo el ojo vigilante del conde Henry
Reuss. Ebersdorf estaba en la provincia de Kostritz,
no en Sajonia, y los dirigentes de Kostritz no pusieron pegas a montar una imprenta en su dominio.

También se desarrolló el plan de crear una escuela de beneficencia y una escuela de niñas en
Berthelsdorf. Éstas fueron construidas gracias a
una donación generosa de doña Johanna von Zezs-
chwitz, con quien se casó Frederick poco después de
comenzar su construcción.

Ludwig también tenía otro plan: edificar una escuela como el *Paedagogium* para hijos de la nobleza.
Los otros tres hombres accedieron a la propuesta
y el 12 de mayo de 1724, todos los moradores de
Berthelsdorf acudieron al terreno reservado para la
construcción con el propósito de ver a Ludwig colocar la primera piedra de la escuela y oírle predicar
un sermón. Debía ser un día memorable. Y, en efecto, así fue. Pero el evento más importante no tuvo
mucho que ver con la colocación de la primera piedra, sino con los cinco forasteros que se acercaron
por la colina cuando estaba a punto de comenzar la
ceremonia. Estos cinco hombres estaban destinados
a cambiar para siempre la comunidad de Herrnhut.

Capítulo 6

Dolores crecientes

—Saludos, conde Zinzendorf. Soy Melchior Zeisberger.

—Yo soy John Töltschig.

—Yo, David Nitschmann.

—Yo, también David Nitschmann.

—Y yo también, David Nitschmann.

Uno por uno los hombres se inclinaron y, haciendo una reverencia, se presentaron.

Ludwig escrutó sus rostros para ver si le estaban gastando una broma. ¿Cómo podía ser que tres de aquellos hombres se llamaran igual?

El primero que se presentó como David Nitschmann se percató del desconcierto de Ludwig.

—Los tres nos llamamos David Nitschmann —dijo—. Le puede ayudar a recordar que este David es carpintero, y este otro tejedor —señaló a los otros dos mientras hablaba.

—Gracias —dijo Ludwig—. Ahora deben decirme por qué han venido aquí. ¿Han seguido a Christian David?

—No exactamente —replicó David el tejedor—. Huimos de Zauchenthal, Moravia, y vamos camino a Lissa, Polonia, donde hay un remanente de *Unitas Fratrum* establecido desde hace muchos años. Cuando Christian pasó por nuestra ciudad y nos habló de Herrnhut, decidimos venir y ver por nosotros mismos este lugar antes de seguir más adelante.

—Nos alegramos de recibirles —repuso Ludwig—. No obstante, debo excusarme. Estamos a punto de comenzar un servicio de dedicación. Por favor, quédense y acompáñennos.

Acto seguido comenzó la ceremonia. El grupo allí reunido cantó varios himnos, luego Ludwig predicó un sermón y elevó una oración dedicatoria sobre la piedra fundacional. En su oración suplicó: «Señor, bendice esta empresa, si te es útil, pero destrúyela desde el principio si no fuere más que plan y actuación humanos».

Una vez concluida la ceremonia Ludwig conversó un poco más con los jóvenes de Zauchenthal.

—Su oración nos ha conmovido —dijo Melchior—. Es evidente que Dios está entre ustedes.

—Eso esperamos, sinceramente, de lo contrario nuestra obra es en vano —repuso Ludwig—. Y ahora, cuéntenme algo de ustedes.

Los cinco hombres eran hijos de padres bien acomodados. Contaron a Ludwig que en los últimos meses habían liderado un avivamiento evangélico en su ciudad. Pero las cosas se complicaron y los cinco varones fueron arrastrados ante el juez, quien resultó ser el padre de John Töltschig. El juez ordenó a los hombres clausurar sus asambleas religiosas y seguir el ejemplo de otros jóvenes de la ciudad que no se preocupaban de la religión, sino disfrutaban bailando y bebiendo en las tabernas. También les advirtió que no intentaran huir de Moravia a algún lugar de mayor tolerancia religiosa. Señaló que las autoridades veían con malos ojos a la gente que intentaba emigrar de sus circunstancias por motivos religiosos, y que se trataría severamente a los jóvenes si eran sorprendidos huyendo. Sin embargo, después de comparecer ante el juez, los cinco hombres no vieron más alternativa que la huida. De modo que a la noche siguiente emprendieron su viaje.

Cuando oyó su relato, Ludwig rogó a los cinco hombres que se quedaran en Herrnhut unos días. Ellos aceptaron la invitación y varios días después solicitaron a Ludwig si podían vivir en Herrnhut permanentemente. Dijeron que allí habían encontrado lo que esperaban encontrar en Polonia por lo que optaban por quedarse y formar parte de la comunidad. Ludwig aceptó de buena gana su incorporación a la misma.

Finalmente, Ludwig y Erdmuth tuvieron que dejar en Berthelsdorf una comunidad en expansión y regresar a Dresde, donde se requirió a Ludwig asumir una vez más sus responsabilidades en la corte real. Un evento feliz que interrumpió el tedio que Ludwig sentía después de volver a Dresde fue el nacimiento de Christian Ernst von Zinzendorf, niño que Erdmuth dio a luz el 7 de agosto de 1724. Ludwig escribió a Johann Heitz para darle la buena noticia. La respuesta que recibió fue desoladora.

La comunidad de Herrnhut, que ya contaba con 90 personas, se hallaba en una situación caótica. Al principio los refugiados habían trabajado para ayudarse unos a otros y compartido lo que tenían. Pero ahora, informaba Johann, cada uno iba a lo suyo. En Herrnhut se hablaban tantas lenguas y se practicaban tantas formas de religión, entre el calvinismo y el catolicismo, que nadie se ponía de acuerdo en nada. Hasta entonces se había mantenido la tradición de que a la llegada de nuevos refugiados se tocara el cuerno y la comunidad se reuniera en la plaza para ofrecerles ayuda. Pero ya no. Ludwig leyó en la misiva que nadie acudía al toque del cuerno. En efecto, los nuevos refugiados eran a menudo insultados; se les decía que no eran bienvenidos, que no había suficiente alojamiento o empleo para ellos, y que era mejor que siguiesen su camino. El sueño de Ludwig de crear una comunidad cristiana amorosa se estaba convirtiendo rápidamente en una pesadilla.

Para noviembre de 1724 Ludwig sabía que tenía una crisis entre manos. No podía haber llegado en peor momento. El bebé Christian Ernst estaba enfermo y el médico diagnosticó que no superaría el invierno. En efecto, no sobrevivió otra semana. Los Zinzendorf enterraron a su primogénito y acto seguido Ludwig se apresuró en ir a Berthelsdorf para ver qué se podía hacer acerca de la situación que se vivía en Herrnhut.

Tan pronto como llegó a su propiedad, Ludwig se entrevistó con los refugiados para conocer las quejas que tenían los unos contra los otros y cómo ayudar a resolverlas. Se entrevistó con los residentes durante tres días y tres noches, haciendo sólo una pausa entre las dos y las cinco de la madrugada para dormir un poco. Más que nada, deseaba buscar una manera de dar la vuelta a las cosas.

Una vez acabadas las entrevistas, Ludwig y los demás miembros de los Cuatro Hermanos concibieron un plan basado en una idea: la de los «ayudadores». Los ayudadores eran miembros de la comunidad de Herrnhut, o de la iglesia de Berthelsdorf, que habían demostrado ser leales, amables y entregados a Dios. La edad, el rango social y la riqueza no tenían importancia. Ludwig creía que todos los hombres y mujeres eran iguales a los ojos de Dios.

Cada ayudador recibió una asignación específica. Un sastre y un jardinero fueron nombrados maestros religiosos. Agustin Neisser, limosnero, y Jacob y Anna Neisser, ayudadores. Christian David, una vaquera llamada Anna-Lena y un muchacho cojo fueron nombrados ayudadores de los enfermos. Cada función fue claramente definida. El limosnero se encargaría de la gente pobre que pedía limosna. Su tarea consistía en ayudarles a encontrar trabajo y un lugar para vivir. Los ayudadores de los enfermos eran responsables de visitar cada día a todos los enfermos de la comunidad, llevarles medicamentos y asearles.

Algunos miembros de Herrnhut se resistieron a que otros considerados inferiores a ellos les dijeran lo que tenían que hacer. Se preguntaron qué derecho tenía una niña de dieciséis años a mandarles lo que tenían que hacer y desafiaron la idea de que alguien tan común como un sastre fuera designado maestro religioso. Pero Ludwig se mantuvo firme. Aunque en el mundo exterior se reconociera la riqueza, la posición social y el género, él insistió en que estos rangos no tenían cabida en una comunidad cristiana.

Toda esta organización exigió mucho esfuerzo de parte de Ludwig, especialmente, porque algunos

miembros de la comunidad de Herrnhut criticaban
y objetaban todo lo que él hacía. Incluso algunos de
los más cercanos a Ludwig cuestionaron su esfuerzo
de intentar poner en marcha un tipo de comunidad
tan diferente. ¿No veía él que Herrnhut estaba des-
tinada al fracaso, no importa cuánto él se esforzara
por mantenerla en pie? Así pues, ¿por qué no expulsar a todos los que causaban problemas y a los des-
contentos y retener únicamente a los trabajadores
tranquilos y obedientes?

Siempre que se planteaban tales cuestiones Ludwig daba la misma respuesta: «Podría emplear mi
poder como terrateniente en obligarles a salir a todos», decía, «pero creo firmemente que Dios ha jun-
tado aquí a toda esta gente por alguna razón y es-
peraré pacientemente para ver el bien que Él hará a
través de ellos».

La obra continuó, aunque Ludwig sólo pasaba en
Herrnhut el tiempo que podía mientras seguía cum-
pliendo con sus obligaciones en la corte real.

Cuando la vida en la comunidad de Herrnhut comenzó a afirmarse según el nuevo modelo, varias
industrias empezaron a florecer basadas en los di-
versos oficios de los recién llegados. Martin y Leonard Dober, dos hermanos de Suabia, eran alfareros
expertos, montaron ruedas y un horno y en poco
tiempo empezaron a vender su cerámica. También
llegó un tejedor de lino y su telar proveyó trabajo
para muchos refugiados.

Aunque parecía que, a pesar de todo, Herrnhut
podía salvarse, la oposición exterior no hacía más
que aumentar de forma constante. En julio de 1726,
Ludwig, Erdmuth y su hijita Benigna estuvieron en
Berthelsdorf a raíz de la muerte de su abuela, la

condesa von Gersdorf. Mientras estaban allí, llegó la noticia de que David Nitschmann había sido hecho prisionero. David había viajado en secreto a Kremsir, Moravia, para traer su padre a Herrnhut. Allí había sido capturado y retenido sin juicio previo bajo la sospecha de incitar la emigración de refugiados.

Ludwig sabía que tenía que hacer algo acerca de la situación. La cuestión de la emigración se perfilaba cada día más tensa. En agosto de 1726 Ludwig viajó a Kremsir para entrevistarse con el cardenal católico y con su hermano, oficial al servicio del imperio austriaco. Ludwig esperaba que ellos aceptaran el razonamiento aprobado en el pacto de Westfalia, firmado en 1648, que estableciera la igualdad de derechos tanto para los protestantes como para los católicos y, por consiguiente, los cristianos que lo desearan tenían derecho a emigrar.

La entrevista no fue bien para Ludwig. Aunque el cardenal y su hermano se mostraran corteses, se mantuvieron inflexibles. No tenían intención de soltar a David de la cárcel, ni le permitirían visitarle. Ludwig hizo todo lo que pudo por hacerles cambiar de parecer, pero no sirvió de nada. Finalmente, regresó a Herrnhut desanimado y preocupado por el destino de David. No se imaginaba los problemas que encontraría al llegar a casa.

Un hombre llamado John Krüger, que había sido predicador en la corte, llegó a vivir en la aldea. Y exhortó a todos que debían apartarse del pastor John Rothe y de la Iglesia Luterana. Esto causó una división en la comunidad, de suerte que, al cabo de poco, los seguidores de Krüger rechazaron a los que no aceptaban sus afirmaciones. Cuanta más gente escuchaba lo que Krüger decía, más ultrajante se volvía. Acusó a Ludwig de ser la «Bestia» y a John Rothe de «Falso profeta».Y por increíble que pudiese parecer a Ludwig, Krüger se las arregló para persuadir a Christian David que abrazara su forma de pensar.

Este nuevo estado de cosas consternó a Ludwig, pero aun así rehusó desalojar a los refugiados de sus tierras. En vez de ello escribió himnos y pidió a Dios que interviniera e hiciera algo para unir a la comunidad dividida.

Y algo sucedió. En enero de 1727, Johann Krüger sufrió una enajenación mental. Empezó a despotricar, arrancarse el pelo y cortarse. De inmediato, sus seguidores pudieron constatar por sí mismos que estaba mentalmente desequilibrado, de modo que, poco después, Krüger abandonó Herrnhut para siempre.

La salida de Johann Krüger no sanó automáticamente la profunda brecha que se había fraguado. A decir verdad, la comunidad se halló en la peor forma posible. Abundaban el odio y los chismes y Ludwig sintió que tenía que hacer algo drástico para volver a encarrilar la situación. Renunció a su trabajo en la corte real de Dresde y se trasladó con su familia a la mansión de Berthelsdorf para residir en ella permanentemente. Anunció que John Rothe seguiría siendo pastor de la parroquia de Berthelsdorf mientras que él asumiría la función de pastor asistente para atender a la comunidad de Herrnhut. Sabía que mucha gente fruncíría el ceño ante tal decisión, pero a Ludwig no le importó. Lo único que le importaba era no echar a perder la oportunidad de establecer una comunidad piadosa.

Una vez instalado en Berthelsdorf, los días discurrieron muy ocupados. Iba cada día a Herrnhut para orar con las personas, escuchar sus reclamaciones e impartir estudios bíblicos. Al hacer esto, notó que la marea comenzaba poco a poco a descender.

El 11 de mayo de 1727 la comunidad celebró una *Singstunde*, o reunión de alabanza. El día siguiente por la tarde, Ludwig volvió a convocar a la comunidad. Habló durante tres horas a toda la congregación sobre lo errado que era permitir que cosas pequeñas les dividieran y que si servían a Cristo Jesús deberían ser capaces de entenderse.

Ludwig presentó dos documentos que había estado escribiendo. El primero se titulaba *Los preceptos y prohibiciones del señorío*, en el que, como dueño de la propiedad, establecía las leyes que todos los residentes en Herrnhut tenían que acatar. El segundo documento se titulaba *El acuerdo fraternal de los hermanos de Bohemia y Moravia y otros, que les obliga a andar según la regla apostólica*. Este documento había sido escrito en colaboración con varios miembros de la comunidad de Herrnhut. Era un acuerdo voluntario que unía a los miembros de la comunidad cristiana. Contenía cuarenta y dos principios que Ludwig leyó en voz alta uno por uno.

Cuando acabó de leerlos, Ludwig invitó a todos los presentes a salir al frente y estrechar su mano uno por uno si aceptaban atenerse a aquellos principios. Lentamente, los miembros de la comunidad se levantaron y salieron al frente. Muchos de ellos se quebrantaron y lloraron al estrechar la mano de Ludwig. Se disculparon ante él y los demás por su conducta. Christian David, quien había sido arrastrado por la enseñanza de Johann Krüger, lloró desconsoladamente sobre los hombros de Ludwig pidiéndole perdón.

Cuando la reunión recobró cierto orden, la gente quiso que se eligieran ancianos para ayudarles a perseverar en su nuevo compromiso. Fueron escogidos doce ancianos, entre ellos los dos hermanos Neisser, un carpintero de setenta años, un zapatero de veinticinco y un carpintero. Ludwig leyó el pasaje del libro de Hechos que relata cómo los once discípulos de Jesús echaron suertes para escoger a otro que se sumara a ellos y sustituyera a Judas. Echó los nombres de los doce ancianos escogidos en una cesta sobre la que oró. Después extrajo cuatro nombres: Christian David, George Nitschmann, Christopher Hoffman y Melchior Zeisberger. Estos hombres serían los principales ancianos.

A Ludwig le encantó que Christian David fuera escogido, aun cuando hubiera sido desleal y persuadido por Johann Krüger para acusarle de las peores cosas posibles. Y explicó a Erdmuth su sentir.

—A pesar de que nuestro querido Christian David me llamara la Bestia y al señor Rothe el Falso profeta, veíamos su corazón honesto y sabíamos que podíamos guiarle debidamente. Cuando los hombres honestos se desvían, no es mala máxima ofrecerles un cargo para que aprendan por experiencia lo que nunca aprenderían por especulación.

Ludwig fue escogido guardián por el grupo. Resolvió que había llegado el momento de sacrificar la comodidad de su mansión y sugirió que su familia se trasladara directamente a la comunidad de Herrnhut. Los miembros de la comunidad aceptaron gustosamente su sugerencia y Ludwig comenzó a hacer preparativos para edificar una casa modesta.

Ese día cambiaron las cosas en la comunidad. La gente se aceptó más fácilmente entre sí. Se

escucharon unos a otros y en vez de meterse en dis-
cusiones estériles, acordaron respetar las opiniones
de los demás.

Finalmente, el sábado 1 de julio. Ludwig, Erdmuth y Benigna, de un año de edad, se traslada-
ron a su nueva casa en Herrnhut. Hacía calor, ella
esperaba otro bebé en un par de meses y la casa
ni siquiera estaba acabada. El yeso de las paredes
aún estaba húmedo. Pero Ludwig quiso mudarse a
la nueva casa antes del domingo, ya que éstos eran
días de celebración solemne en Herrnhut y Berthelsdorf en los que gentes de toda la provincia acudían
para oír la enseñanza del pastor Rothe y comprobar
por sí mismos las cosas maravillosas que estaban
sucediendo en la comunidad.

Capítulo 7

La semilla escondida

Para delicia de Ludwig, el estado de cosas en Herrnhut continuó mejorando. Se establecieron pequeños grupos llamados bandas. Estos grupos, de dos a ocho personas, se reunían regularmente para estudiar la Biblia, orar y cantar. Las bandas provocaron un efecto notorio sobre la comunidad. Allá donde iba, Ludwig veía miembros de la comunidad apiñarse, animarse y orar por los problemas a medida que éstos surgían. ¡Cuán distinta era esta atmósfera a la de hacía un año, cuando eran consumidos con doctrinas que les dividían!

El 22 de julio de 1727 Ludwig estimó que la comunidad iba tan bien que podía tomarse tiempo para visitar a su tío, el barón de Gersdorf, en Hartmannsdorf, Silesia. De camino, se detuvo en la ciudad de Zittau y visitó la biblioteca de consulta de la localidad. A pesar de haber leído muchos libros de teología de la época, Ludwig encontró en la biblioteca un libro viejo y polvoriento con el título *Ratio Disciplinae (Razón de la disciplina)* grabado en su lomo de piel. Extrajo el libro de la estantería, lo abrió y empezó a leer. Apenas pudo cerrarlo. El libro era una versión latina de la constitución de *Unitas Fratrum*, y para su sorpresa, los principios expuestos en sus páginas se asemejaban de manera notable a los principios que hacía poco la comunidad de Herrnhut acababa de abrazar.

En el prefacio del libro se refería la historia de la Unidad de los Hermanos escrita por el obispo Juan Amos Comenio. Lo que Ludwig leyó le sobrecogió. Él había pensado que los refugiados de Moravia eran personas que buscaban un lugar donde practicar su fe cristiana sin ser perseguidos. La genta había dicho que era la semilla escondida de un grupo antiguo, pero él les había pastoreado hacia la Iglesia Luterana y les había animado a pensar de sí mismos como una iglesia dentro de otra. Sin embargo, ahora descubría que ellos realmente pertenecían a una iglesia protestante plenamente reformada, más antigua que la Iglesia Luterana. La *Unitas Fratrum* había sido fundada en 1457, sesenta años antes de que Martin Lutero clavara sus noventa y cinco tesis en la puerta de la iglesia de Wittemberg. En efecto, por el tiempo de Lutero, la *Unitas Fratrum* constaba de cuatrocientas congregaciones y casi doscientos mil seguidores.

Ludwig tradujo del latín al alemán un fragmento de la *Ratio Disciplinae* para mostrárselo a los refugiados de Moravia.

Mientras visitaba a su tío, Ludwig reflexionó largo y tendido en todo lo que había leído sobre la

Unitas Fratrum. ¿Tenía Dios un plan más grande para este grupo? ¿Vivía esta gente en su propiedad por más razones que el ser protegida de la persecución? Ludwig no se podía sacar estas cosas de la cabeza. Es cierto que ellos se autodenominaban *Semilla escondida*, pero ¿en qué debía convertirse la semilla cuando creciera? Quizá habían sido guiados a Berthelsdorf con un propósito más grande. Tal vez Dios deseaba revivir, insuflar nueva vida en la más antigua denominación protestante. Y quizás Herrnhut era el principio del avivamiento.

Antes que Ludwig abandonara la propiedad de su tío, ofreció una oración de dedicación: «Yo, en la medida de lo posible, ayudaré a promover este avivamiento. Y aunque tenga que sacrificar mis posesiones terrenales, mi honor, mi vida, mientras viva haré todo lo que pueda por asegurar que la pequeña compañía de discípulos del Señor sea preservada para Él hasta su retorno».

Ludwig regresó a Herrnhut el 4 de agosto. Cuando enseñó a los moravos el fragmento que había copiado de la *Ratio Disciplinae,* ellos se alegraron muchísimo. También reconocieron las similitudes entre los preceptos de la *Ratio Disciplinae* y los principios rectores que habían suscrito recientemente en el *Acuerdo fraternal de los hermanos de Bohemia y Moravia y otros, que les obliga a andar según la regla apostólica.*

Esta fue la primera vez que la mayoría de los refugiados de Moravia oían algún detalle de la iglesia que habían fundado sus antepasados. A lo largo de años de persecución, habían sido separados de otros miembros de *Unitas Fratrum* y perdido libros que explicaban la historia y las creencias del grupo. Ahora comprendían su pasado y estaban listos para afrontar su futuro. Eran la Semilla Escondida. Para guiar a su comunidad, habían establecido principios casi idénticos a los que guiaran a sus antepasados. Ciertamente, se maravillaban, solo Dios podía haberles guiado a hacer esto. Le dieron las gracias, se regocijaron y esperaron anhelosamente el avivamiento de la *Unitas Fratrum*.

El domingo 10 de agosto el pastor Rothe fue a Herrnhut a dirigir el culto de la tarde. A mitad del sermón, el pastor se arrodilló y se puso a orar fervorosamente. Los que estaban reunidos siguieron su ejemplo y empezaron a orar. Estuvieron de rodillas orando hasta después de la medianoche.

A la mañana siguiente John Rothe volvió para invitar a la comunidad de Herrnhut a un servicio de comunión en la iglesia de Berthelsdorf que se iba a celebrar el miércoles. Ludwig creyó que esta sería una reunión importante, y fue de casa en casa, por toda la comunidad, animando a todos a asistir.

El miércoles por la mañana el pastor Rothe fue a Herrnhut y predicó un sermón sobre la importancia de la comunión. Después de su sermón, los miembros de la comunidad caminaron una milla hasta la iglesia de Berthelsdorf. A la hora del servicio de comunión, la iglesia estaba abarrotada. Se cantó un himno para dar comienzo a la reunión y a continuación John hizo una plegaria de bendición sobre dos niñas para confirmarlas.

Después de la confirmación la congregación se arrodilló y empezó a cantar: «Mi alma delante de ti se postra; mi espíritu vuela hacia ti, su fuente». Mientras la gente cantaba, Ludwig notó que algunos empezaban a llorar. Una poderosa ola de emoción invadió el recinto y los sollozos acabaron acallando los cánticos.

Cuando el himno terminó, Ludwig hizo una oración. Oró por verdadera unidad entre los asistentes a la reunión y para que entre los miembros de la comunidad de Herrnhut no hubiera más desacuerdos sino que hallaran nuevo vigor y unidad en su relación con Jesucristo. Cuando él acabó, también oraron otras personas. Poco después, el sollozo dio paso a la oración ferviente y la gente derramó sus corazones ante Dios.

Cuando por fin el servicio religioso tocó a su fin, nadie quería marcharse. Fuera de la iglesia, la gente formó corrillos y habló de lo que acababan de experimentar y de la nueva intimidad con Dios y unos con los otros. Poco a poco se formaron grupos más grandes que siguieron conversando, orando y cantando himnos.

Como la tarde iba avanzando, Ludwig envió a buscar comida para dar de comer a todos. Cuando llegaron los alimentos, fueron distribuidos y la gente los compartió. La escena recordaba a la iglesia del Nuevo Testamento, por cuanto sus miembros se reunían regularmente a celebrar fiestas de amor. Ludwig se preguntó si tal vez, como aquellos primeros cristianos, los miembros de la comunidad de Herrnhut debían incorporar las fiestas de amor de forma regular a sus cultos de adoración.

Dos semanas después, el 27 de agosto, para mantener viva la nueva intimidad que sentían con Dios, veintiocho hombres y veintiocho mujeres de Herrnhut se prometieron unos a otros dedicar una hora diaria a la oración. Echaron suertes para ver a qué hora había de orar cada uno, para que a cualquier hora del día o de la noche, hubiera dos personas orando por Herrnhut y por el mundo.

También el cántico pasó a ser una parte vital de la vida cotidiana. Ludwig creía que los himnos se podían cantar como oraciones una vez sabidos de memoria. Animó a toda la comunidad de Herrnhut a memorizar cientos de himnos. No mucho después, la única gente que necesitaba himnarios fueron los visitantes. Los miembros de la comunidad cantaban durante horas enteras. La persona que dirigía el culto solía predicar verdaderos sermones escogiendo varios versos en torno a un tema, entre cientos de himnos. Él comenzaba a cantar y tan pronto como la congregación reconocía un verso de cierto himno, se sumaba a los cánticos.

Ludwig también presentó la «Consigna del día», un versículo bíblico escogido al azar la noche anterior. Toda la comunidad era estimulada a recitarlo unos a otros y a meditar en su significado durante el día.

Las noticias de lo que estaba sucediendo en Herrnhut llegaron hasta muy lejos. Ludwig empezó a recibir hasta cincuenta cartas al día solicitando que hombres y mujeres de la comunidad visitaran sus iglesias y compartieran sus experiencias. Los miembros de Herrnhut respondieron de manera entusiasta a esas peticiones.

Casi de inmediato hubo miembros de la comunidad que viajaron hasta Italia e Inglaterra para compartir mensajes. En casi todos los lugares que visitaban tenían prohibido predicar directamente a la congregación. Pero se reunían en grupos pequeños de creyentes, con ideas semejantes, y les hablaban de Herrnhut y de todo lo que Dios estaba haciendo entre ellos.

Entonces animaban a la gente a poner a un lado sus diferencias y actuar como una iglesia unida.

El 19 de septiembre de 1727, en medio de esta nueva dirección y actividad, Erdmuth dio a luz un niño. Le llamaron Christian Renatus en honor de su primer hijo que había muerto hacía casi tres años.

La comunidad continuó prosperando. Se edificaron más casas y edificios y se desarrolló el coro. Bajo este sistema, toda persona que vivía en Herrnhut fue asignada a un grupo, o coro, con arreglo a su edad, sexo, y estado civil. El primer coro establecido fue el de los hombres solteros. Este grupo fue especialmente activo y los hombres decidieron vivir juntos en su propia casona y ayudarse unos a otros en su trabajo. Este coro se convirtió en centro de la industria artesanal. En su tiempo libre nocturno, los jóvenes se dedicaban a estudiar otros idiomas, medicina y geografía.

El coro de las solteras estuvo dirigido por la adolescente Anna Nitschmann. Aunque ella era una de las solteras más jóvenes, demostró una actitud cristiana especialmente madura. Las chicas solteras también vivieron en su propia casona.

También se establecieron otros coros para matrimonios, viudos, viudas, niñas, niños e incluso niños pequeños. Y como todos los que formaban el coro se habían comprometido a ayudar al resto del grupo, no resultó difícil para los hombres y las mujeres ausentarse para salir de viaje. Cuando estaban fuera de Herrnhut, los otros miembros del coro les sustituían y desempeñaban sus tareas cotidianas o cuidaban a sus hijos.

En 1729 Ludwig recibió la noticia de que David Nitschmann había muerto en prisión a los treinta y un años; se fue apagando durante tres, después del intento de aquél de adquirir su libertad. La noticia entristeció a Ludwig. David prometía mucho como líder en la comunidad de Herrnhut.

Erdmuth dio a luz su cuarto hijo el 18 de septiembre de 1729. Fue otro hijo varón, a quien pusieron por nombre Christian Friedrich. Tristemente, el bebé estuvo enfermo desde su nacimiento y murió a las cuatro semanas. Como un año después, en 1730, Erdmuth dio a luz otro hijo, a quien llamaron Theodore y resultó ser un niño sano y fuerte.

En el siguiente mes de abril, Ludwig, acompañado de David Nitschmann el carpintero y de otros dos varones moravos, partieron hacia Dinamarca para asistir a la coronación del rey Christian VI. En Copenhague, Ludwig recibió el acostumbrado protocolo de pompa y ceremonia hacia una persona de su abolengo social. Para su sorpresa, el nuevo rey concedió a Ludwig la Cruz del Orden de los Caballeros de Danebrog, para honrar su contribución a la religión. Ludwig también compartió mesa y mantel con jefes de estado de toda Europa que habían sido invitados a la coronación.

Pero no fue una persona rica o poderosa la que mayor impresión causó a Ludwig mientras estuvo en Copenhague. La persona que cautivó su atención fue el siervo de su amigo el conde Laurwig. La sencilla historia de este siervo desató una serie de acontecimientos que esparciría a muchos miembros de la comunidad de Herrnhut por todo el mundo.

Capítulo 8

Envío de misioneros

—¿Dónde conseguiste a tu siervo? —preguntó Ludwig al conde Laurwig durante la cena.

—Se llama Anthony Ulrich, le traje de Saint Thomas, isla del Caribe —respondió el conde—. Estuve allá hace un año, y me causó impresión lo bien que trabajaba. Es inteligente, habla con fluidez el holandés y tiene más que suficientes recursos para probarme su valía. Y además, se ha convertido en un cristiano sincero.

Ludwig aguzó su atención al oír este último comentario. Quería saber cómo aquel hombre musculoso, de piel negra azabache y mirada limpia y serena, se había convertido a Cristo. La oportunidad de descubrirlo se presentó cuando Anthony retiraba su plato vacío.

—El conde Laurwig me dice que usted ha sido cristiano desde que vino con él a Europa. Dígame, ¿cómo oyó hablar de Cristo? —le preguntó Ludwig.

Anthony pareció sorprenderse de que uno de los invitados a la cena le hiciera preguntas de índole personal, pero sus ojos se iluminaron al contestar la pregunta.

—La primera vez que oí hablar de Cristo fue en el barco, cuando navegaba hacia Europa.

—¿Qué quiere decir con la primera vez? —preguntó Ludwig— Saint Thomas ha sido colonia europea por muchos años. A buen seguro habrá oído hablar de Cristo con anterioridad.

Anthony sacudió la cabeza.

—No lo entiende —replicó, y en seguida, con cierta preocupación, añadió—: No fue mi intención insultarle.

—No lo ha hecho —le aseguró Ludwig—. Somos dos hermanos en Cristo sosteniendo una conversación. Tómese la libertad de compartir sus observaciones. Dígame, ¿cómo puede ser que viviera en una isla cristiana sin haber oído hablar de Jesucristo?

—Señor, tal vez una historia le ayude a comprenderlo —repuso Anthony—. Cuando yo era niño, un esclavo, cochero de diligencia, condujo a su amo a la iglesia. Mientras se celebraba el servicio religioso en el templo el esclavo debía esperar con el carruaje. Pero el esclavo era curioso. Las puertas de la iglesia estaban cerradas, de modo que se acercó y aplicó su oído a la puerta para escuchar lo que se decía dentro. Alguien le vio y se lo dijo a su amo. ¿Sabe qué le sucedió? El amo sacó una navaja y le cortó las orejas a las mismas puertas de la iglesia.

A Ludwig se le revolvió el estómago al imaginarse un acto tan cruel y horripilante, nada menos que en los peldaños que daban acceso a la iglesia.

—Tiene que entender que los blancos de Saint Thomas no quieren que sus esclavos oigan hablar de Jesucristo. Temen que el mensaje les llene la cabeza de nuevas ideas y provoque su rebelión —de pronto, Anthony bajó la voz y añadió—: Ojalá que mi hermano y mi hermana en Saint Thomas pudieran oír las cosas maravillosas que yo he oído sobre Jesús.

—¿Cómo se llaman? —preguntó Ludwig.

—Anna y Abraham —respondió Anthony—. Estoy seguro que abrazarían el evangelio si alguien lo compartiera con ellos.

—Me comprometo a orar por ellos —prometió Ludwig.

De camino a Berthelsdorf, Ludwig apenas pudo pensar en otra cosa que en la situación en Saint Thomas. A buen seguro tenía que haber alguna manera para que los esclavos de Saint Thomas oyeran hablar de Cristo. Le parecía imperdonable que los blancos impidieran a sus semejantes oír el mensaje más importante de todos los tiempos. Se alegró mucho cuando obtuvo permiso del conde Laurwig para que Anthony Ulrich visitara Herrnhut pocos días después. Ludwig estaba seguro de que muchos corazones de la comunidad se conmoverían cuando oyeran el caso de Anthony.

El 31 de julio de 1731, Ludwig y sus compañeros de viaje llegaron a Herrnhut. Aun cuando estaba cansado de tan largo viaje, Ludwig convocó una asamblea comunitaria aquella noche. Refirió a los presentes su encuentro con Anthony. Y tal como había esperado,el drama de los esclavos en las islas del Caribe conmovió los corazones de muchos miembros de la comunidad. Dos días después Ludwig sostuvo una carta en sus manos de dos miembros del coro de hombres solteros, Leonard Dober y Tobias Leupold. En la carta ambos hombres se ofrecían para ir a Saint Thomas y predicar el evangelio a los parientes de Anthony y a los otros esclavos de la isla.

Cuatro días después, Anthony llegó y contó su historia. Pero para sorpresa de Ludwig, a Anthony no le agradó cuando supo que Leonard y Tobias estaban listos para ir a Saint Thomas. Les advirtió que los esclavos del lugar sentían tanta amargura contra los blancos que no escucharían nada de lo que los jóvenes les dijeran.

Ludwig se alarmó al oír la noticia y preguntó a Anthony para averiguar si había alguna forma de que los esclavos oyeran a Leonard y Tobias. Anthony admitió que podía haber una manera de conseguirlo. Los misioneros blancos tendrían que demostrar que eran muy distintos a los dueños blancos de esclavos. Y la única manera de probarlo sería que los misioneros estuvieran dispuestos a vivir y trabajar con los esclavos, casi como si ellos mismos lo fuesen. Quizás entonces su mensaje fuese aceptado.

Era un gran desafío para Leonard y Tobias el considerar vivir entre los esclavos, comer lo que ellos comían y trabajar a su lado. Pero Ludwig se sintió orgulloso de que ninguno de los dos hombres rehusara aceptar el desafío. Leonard declaró a la comunidad de Herrnhut: «Si el Señor Jesús tuvo a bien hacerse siervo para poder salvarnos, es también una digna vocación para nosotros. Lo dejo al buen criterio de la congregación, y no tengo otro apoyo más que este pensamiento: que en la isla hay todavía almas que no pueden creer porque no han oído».

La respuesta de Leonard y Tobias inspiró a dos primos, Matthäus Stach y Friedrich Bohnisch, del coro de hombres solteros, a ofrecerse también como misioneros. Querían ir a Groenlandia porque corría el rumor de que Hans Egede, el misionero que había sido nombrado por la corte real danesa, estaba a punto de abandonar su obra misionera y regresar a casa. Los primos creían que ellos podrían continuar la obra de Hans.

Estos cuatro hombres anhelaban principiar sus empresas misioneras, pero la comunidad de Herrnhut todavía no estaba plenamente preparada para enviarlos. Muchos miembros de la comunidad desconfiaban de la idea de enviar misioneros. Al fin y al cabo, ninguna congregación protestante había enviado misioneros desde los tiempos bíblicos. Los escasos protestantes que habían salido como misioneros lo habían hecho bajo el patrocinio de la corte real, como los hombres de Halle que habían ido a Tranquebar, India, y Hans Egede a Groenlandia.

Aunque Ludwig deseaba que estos jóvenes fueran, decidió que sería prudente esperar hasta que todos estuvieran listos para enviarles.

Mientras tanto, Erdmuth dio a luz a otro niño a quien llamaron Johann. El bebé nació el 19 de marzo de 1732, y murió exactamente dos meses después. Fue el sexto hijo de Ludwig y Erdmuth, a quienes les quedaban tres hijos vivos.

En medio de esta tragedia personal, Ludwig veía que su esposa se hacía cargo de muchas obligaciones. Por esas fechas Erdmuth se ocupaba de la economía familiar, y como Ludwig proporcionaba buena parte del dinero que necesitaba Herrnhut, ella también vigilaba de cerca lo que allí sucedía. Fue un acuerdo muy útil para Ludwig, quien no se interesaba en los detalles de los libros mayores ni de los de cuentas. En efecto, la eficacia de su labor le causó una impresión tan favorable que le traspasó todo su patrimonio. Erdmuth pasó a ser la dueña oficial de Berthelsdorf y de Herrnhut.

Ludwig lo traspasó todo a su mujer en parte porque ella era mejor gestora que él y en parte porque él presentía que se aproximaban tiempos difíciles y que las tierras estarían más seguras a nombre de Erdmuth que al suyo propio.

Finalmente, poco más de un año después que Anthony Ulrich visitara Herrnhut, la comunidad acordó enviar misioneros a Saint Thomas. Por ese tiempo los líderes de la comunidad usaban el método de echar suertes para determinar muchas de sus decisiones, y en una de las reuniones comunitarias llamaron al frente a Leonard Dober y Tobias Leupold.

Ludwig observó atentamente a Tobias extraer de una cajita de madera un pequeño rollo con unas palabras impresas. Al leer el rollo, bajó el rostro y sacudió la cabeza: «No es voluntad de Dios para mí que vaya a Saint Thomas» —dijo—. Entonces Leonard dio un paso al frente. Con mano temblorosa, él también sacó un versículo de la cajita.«¡Alabado sea Dios!, he sido llamado» —anunció, y acercándose a Ludwig le entregó el rollo.

Ludwig leyó las palabras en voz alta: «Dejen ir al muchacho porque el Señor está con él». Y agarrando la mano de Leonard, le dijo: «Dios será tu guía y tu fortaleza».

Entonces la comunidad buscó en derredor a alguien que acompañara a Leonard para ir a Saint Thomas y le ayudara a establecerse en la isla. Y escogieron a David Nitschmann, el carpintero, y le autorizaron a quedarse con Leonard los primeros cuatro meses. No tardaron mucho los dos hombres en empacar sus cosas, ya que sólo llevaban una muda de ropa, una colchoneta y un poco de comida.

El 18 de agosto de 1732, toda la comunidad de Herrnhut se reunió para comisionar a los misioneros. Cantaron como nunca lo habían hecho, primero veinte himnos, luego cuarenta, luego sesenta. Y como nadie quisiera interrumpir los cánticos, llegaron a cantar más de cien himnos para acelerar el envío de Leonard y David.

Dos días después Ludwig tenía que viajar a Dresde en viaje de negocios y ofreció a los misioneros transporte hasta Bautzen, donde la carretera se dividía hacia el oeste y hacia el norte. Los hombres partieron a las tres de la madrugada.

Mientras el carruaje traqueteaba por el camino, Ludwig dio las últimas instrucciones a Leonard y David. «Deben vivir entre la gente como si fueran parte de ellos» —les dijo—. «Ganen su propio pan, ya que estarán allí para servir. No esperen conversiones masivas al principio. Recuerden, el Señor ya conoce a aquellos cuyos corazones ha preparado para creer. Vuestro trabajo consiste en buscar a esas personas, aunque sean pocas en número. Serán "primicias" preciosas».

Cuando llegaron a la bifurcación de la carretera en Bautzen, Ludwig mandó al cochero detener el carruaje. Los tres hombres se bajaron del mismo cuando aún reinaba la oscuridad de la madrugada. Los dos misioneros se arrodillaron en la cuneta y Ludwig elevó una plegaria de bendición sobre ellos. «Que siempre sean guiados por el Espíritu de Jesucristo»—, fue su última exhortación antes de proseguir su viaje.

Ludwig vio a los dos jóvenes resueltos tomar la bifurcación que conducía hacia el norte hasta desaparecer en la oscuridad. Les había entregado treinta chelines a cada uno, aunque esa cantidad no era suficiente para sufragar el pasaje hasta Saint Thomas. Los hombres contarían con el apoyo de la cadena de oración de veinticuatro horas que perseveraba en Herrnhut, pero tendrían que buscar la manera de viajar a Saint Thomas, y se esperaba de ellos se ganaran su sustento cuando llegaran allá.

En las semanas siguientes, Ludwig y los otros miembros de la comunidad de Herrnhut aguardaron expectantes noticias de sus nuevos misioneros. Ludwig era más consciente que ninguno de los problemas que ambos afrontarían para encontrar un barco que les transportara hasta Saint Thomas, de manera que fue de gran ánimo la lectura de su primera carta a la comunidad.

En la carta, fechada el 8 de octubre de 1732, Leonard explicaba cuántas burlas y mofas él y David habían tenido que soportar hasta ese momento. Muchos cristianos que se encontraron camino a Copenhague les dijeron que estaban locos y que deberían volver a casa. Solo la condesa von Stollberg, en Wernigerode, les animó. E incluso en Copenhague, los cristianos piadosos que había en la corte real creían que les esperaba una muerte segura si viajaban a Saint Thomas. Advirtieron a los misioneros que morirían, ora de alguna enfermedad tropical, ora a manos de algún dueño de esclavos que no recibiera amablemente que se predicara a sus esclavos.

No obstante, Leonard se alegró de informar que su persistencia empezaba a rendir fruto. Poco a poco el corazón de la gente empezaba a cambiar y, por fin, algunos estaban dispuestos a ayudarles. La princesa Charlotte Amelia les dio dinero y una Biblia en holandés, ya que la principal lengua que se hablaba en Saint Thomas era el holandés. Y como ningún barco danés quería transportarles al Caribe, un oficial de la corte real halló un barco holandés que estaba dispuesto a admitirles a bordo como carpinteros. El oficial de la corte convenció incluso al capitán del barco para comprar a cada uno de ellos su propio juego de herramientas de carpintería para usarlas en la nave y retenerlas luego cuando arribaran a su destino.

Todas estas noticias animaron a Ludwig, aunque poco después encajara un gran revés con la muerte de otro hijo. En esta ocasión se trató de Theodore, su hijo de dos años. Los dos únicos hijos de los Zinzendorf que hasta la fecha habían sobrevivido la prueba de las enfermedades infantiles eran Benigna, de seis años, y Christian Renatus, de cinco. Un séptimo hijo, Christian Ludwig nació el 20 de marzo de 1733.

Poco después del nacimiento de su último hijo, Ludwig recibió una terrible noticia. En 1726, él había permitido que otro grupo religioso perseguido, los Schwenkfelders[1], se asentara en los confines superiores de su propiedad de Berthelsdorf cuando el grupo fue expulsado de la vecina Silesia. Y el 4 de abril, cuando Ludwig regresaba de un viaje a Tubinga, recibió la noticia de que se había promulgado un edicto real que proscribía a los Schwenkfelders de Sajonia. Le angustió profundamente que este grupo tuviera que abandonar su propiedad. Pero lo que

---

1 Schwenkfelders: Seguidores de Caspar Schwenkfeld, líder del movimiento protestante en Silesia.

más angustió a Ludwig fue el hecho de que si se
había podido promulgar un edicto con tanta facilidad para desterrar a un grupo de cristianos perseguidos de su tierra, pudiera ser promulgado con
igual facilidad un edicto similar para expulsar a los
refugiados moravos de Sajonia. Al fin y al cabo, los
moravos habían llegado a Sajonia en busca de un
refugio seguro contra la persecución, lo mismo que
los Schwenkfelders.

Mientras cabalgaba hacia Berthelsdorf, Ludwig
concibió un plan de acción preventivo en caso de
que se ordenara a los moravos abandonar Sajonia.
Aunque él no podía evitar que el edicto se promul-
gase, podía minimizar el impacto negativo que pro-
vocaría en la comunidad de Herrnhut. Cuando Ludwig llegó a su propiedad, resolvió dividir Herrnhut
en dos grupos, el de los luteranos alemanes y el de
los refugiados de Moravia. De este modo, si los moravos eran un día expulsados de Sajonia, podrían
marcharse sin que colapsara la comunidad de Herrnhut. Ludwig también decidió que había llegado el
momento de tratar de ordenarse pastor luterano. De
este modo podría desviar las críticas de los líderes
religiosos si alegaban que los luteranos de Herrnhut
no recibían la debida atención pastoral y estaban
siendo en exceso influidos por los principios de la
Unitas Fratrum.

Cuando llegó a Berthelsdorf, un grupo de líderes de los Schwenkfelders se acercó a Ludwig para
pedirle ayuda. Ellos habían oído hablar del general
James Oglethorpe y de su plan de conceder asilo, a
la gente que huyera de la persecución religiosa, en
la colonia norteamericana de Georgia. Querían que
Ludwig intercediera por ellos para conseguirles un

hogar en Georgia. Ludwig hizo lo que le pidieron y obtuvo permiso para que todos emigraran a Georgia, donde se les asignarían tierras para vivir.

Pero la noticia del destierro de los Schwenkfelders no atenuó el nuevo celo de Ludwig o de la comunidad de Herrnhut por las misiones. El 17 de abril de 1733, el carpintero David Nitschmann regresó a Herrnhut. Ludwig estaba deseoso de oírle contar cómo iban las cosas en Saint Thomas. Al día siguiente, David y Ludwig fueron a dar un paseo por la propiedad de Berthelsdorf.

—Háblame de Saint Thomas —le dijo Ludwig.

—Llegamos a la isla el 13 de diciembre. Ojalá dispusiera de palabras para describir adecuadamente la primera impresión. Aquello era muy diferente a todo lo que había visto. Exuberantes colinas verdes y playas que relucen a la luz del mediodía. Palmeras cerca del agua. Fue difícil imaginarse que en un lugar tan hermoso no conocieran al Salvador. Recorrimos las estrechas calles de Tappus buscando alojamiento y conocimos al Sr. Lorenzen, cultivador de la isla. El Sr. Lorenzen resultó ser una respuesta a nuestras oraciones. Nos ofreció alojamiento gratuito hasta que pudiéramos ganar dinero para sufragar nuestros gastos. En seguida empecé a ejercer mi oficio de carpintero para ganar el dinero que necesitábamos.

Ludwig movió la cabeza.

—Entonces, ¿ganasteis vuestro propio sustento?

—Yo sí —replicó David—. Pero Leonard no pudo. Buscamos intensamente, pero no pudimos encontrar arcilla para que hiciera su trabajo de alfarería.

—Interesante —intervino Ludwig—. Cuéntame más.

—En nuestro primer domingo en la isla fuimos en busca de Abraham y Anna, hermanos de Anthony, para entregarles la carta que éste nos había dado para ellos. Les encontramos y les leímos la carta. En ella, Anthony relataba su conversión al cristianismo y rogaba a sus hermanos que hicieran lo mismo. Entonces explicamos a Abraham y Anna la salvación. En seguida se juntaron otros esclavos negros para oír el mensaje. Se asombraron de que quisiéramos hablarles de Dios. Hasta ese momento se les había impedido oír lecturas o predicaciones bíblicas. Pero sus corazones no se ablandaron de inmediato. Aún desconfiaron de nosotros, temiendo que nuestra presencia entre ellos fuera alguna trampa de sus amos. A veces intentaron que nos marcháramos. Pero oramos y persistimos en el esfuerzo de predicarles el evangelio.

En abril me embarqué para volver a casa. Antes de zarpar, oré fervientemente para que Dios guardara y animara a Leonard. El trabajo por hacer es duro. No sólo sospechan de nosotros los esclavos, a veces también los amos nos tratan con desprecio y aborrecen nuestra labor. Todos debemos orar que Dios guíe a Leonard a las primicias de que hablaste antes de nuestra partida.

El informe de David animó y entristeció a Ludwig. Le animó el hecho de que hubieran llegado a Saint Thomas sanos y comenzado su obra misionera, pero la tarea de ganar almas iba a ser tan difícil como Anthony les había vaticinado. No obstante, él creyó que con el tiempo Dios guiaría ciertamente a Leonardo a sus primicias.

A los pocos días de la llegada de David a Herrnhut, Mattäus Stach y su hermano Christian, junto con Christian David, abandonaron la comunidad con destino a Groenlandia, seguidos de Friedrich Bohnisch, un año más tarde. Como le sucediera a Leonard en Saint Thomas, allá se toparían con muchos desafíos, entre otros, el aprendizaje de una lengua difícil y la hostilidad de los esquimales, pues pensaban que habían ido a robarles. Con el envío de estos primeros misioneros a Saint Thomas y Groenlandia, mientras los moravos seguían pidiendo las primicias, comenzó algo que la imaginación de Ludwig no alcanzaba a vislumbrar.

Capítulo 9

Obra en expansión

Aunque el gobierno tenía serias sospechas respecto a Herrnhut, la comunidad siguió prosperando y cada vez llegaban más cristianos de Alemania y de otros lugares. Unode los recién llegados a Herrnhut demostró ser buen amigo y ayudador leal de Ludwig. Se llamaba August Gottlieb Spangenberg, tenía veintinueve años y era un erudito capaz que acababa de licenciarse por la Universidad de Jena. Ludwig conoció a August en un viaje a Jena, e inmediatamente le cayó bien. August era un hombre bondadoso y genuino, pietista universitario. Tenía el hábito de poner su fe en práctica y en Jena había ayudado a fundar varias escuelas independientes para niños pobres.

A fines de la primavera de 1733, August resolvió incorporarse a la comunidad de Herrnhut. Ludwig se alegró de su decisión y poco después de su llegada a Herrnhut, August pasó a ser su ayudante personal. Como Erdmuth, se ocupó de muchos detalles diarios de la vida de Ludwig, así como de la comunidad de Herrnhut.

En diciembre de 1733 Ludwig pidió a August que acompañara a Tobias Leupold y a otros catorce hombres y cuatro mujeres hasta Copenhague. El grupo iba a zarpar hacia Saint Thomas y la cercana isla de Saint Croix. Tobias tenía que reemplazar a Leonard en Saint Thomas. En su ausencia, Leonard había sido nombrado anciano mayor de la comunidad y tenía que regresar a Herrnhut lo antes posible.

Otra reunión solemne se celebró para comisionar a los nuevos misioneros y enviarles a su destino. Durante el servicio religioso Ludwig abrió su corazón para instruir a los misioneros. «Recuerden», les dijo, «no deben abusar de vuestra posición para dominar a los paganos, sino que debéis humillaros y ganaros su respeto gracias a vuestra fe callada y el poder del Espíritu Santo. El misionero no debe buscar nada para sí mismo, ni asiento de honor, ni esperanza ni fama. Como los caballos de los carruajes de Londres, cada uno de ustedes debe llevar puestas anteojeras para no ver el peligro, el engaño y la presunción. Debéis estar dispuestos a sufrir, morir y ser olvidados».

Mientras esperaba que Leonard regresara y asumiera su nuevo cargo, Ludwig nombró a Anna Nitschmann, que a la sazón tenía dieciocho años, para ocupar el cargo de anciano mayor. Anna había demostrado su valía y su fe como lideresa del coro de mujeres solteras.

Poco después de la partida de los misioneros para Saint Thomas y Saint Croix, otro grupo abandonó la propiedad de Berthelsdorf. Ludwig se despidió entristecido de los Schwenkfelders, quienes emprendieron viaje a Holanda, desde donde pensaban navegar hacia América del Norte.

Cuando el grupo de misioneros navegaba seguro rumbo al Caribe, Ludwig se propuso cumplir su plan de hacerse pastor luterano. No se atrevió a contarle a su madre lo que proyectaba hacer. Sabía que ella se sentiría horrorizada de que su hijo, un conde, estuviera dispuesto a rebajarse para ser pastor. Por supuesto, él sabía que al final se enteraría, pero esperaría hasta entonces para tratar el asunto con ella.

A su regreso de Copenhague, August ayudó a Ludwig a estudiar y prepararse para el riguroso proceso de ordenación. En abril de 1734, Ludwig se creyó preparado para viajar a Stralsund y someterse a la primera serie de exámenes. Los exámenes, en alemán y latín, duraron tres días. Al final de los mismos, Ludwig tuvo que predicar una serie de cinco sermones.

Para alegría suya, Ludwig superó todos sus exámenes y la prueba de predicación y recibió un certificado de ortodoxia. Esto significó que ya podía solicitar ser pastor luterano, aunque el siguiente paso requiriese mucha paciencia de su parte, ya que era necesario que se hiciera con él una excepción. Normalmente, antes de ser ordenado, un pastor luterano tenía que facilitar el nombre de la congregación luterana que le había llamado. Pero Ludwig no tenía congregación que le llamara. La gente a la que él quería ministrar eran los cristianos de Herrnhut, que no habían sido reconocidos como congregación luterana. Ludwig escribió cartas a líderes influyentes de la iglesia y el estado con la esperanza de hallar una salida para su caso.

Mientras tanto, Erdmuth dio a luz su octavo hijo. Su segunda hija, a quien llamaron Anna, nació el 7 de agosto de 1734. Al mes siguiente, Leonard llegó por fin a Herrnhut procedente de Saint Thomas. Llegó acompañado de un niño negro de siete años llamado Oly.

Poco después se convocó una reunión para que Leonard pudiera presentar un informe a la comunidad de su obra misionera en Saint Thomas. La atmósfera del salón estaba cargada de expectativa cuando Leonard se levantó para tomar la palabra. Todos querían oír hablar primeramente de Oly.

—Oly es la primicia de la Obra en Saint Thomas —empezó diciendo Leonard.

Ludwig observó encantado la amplia sonrisa que esbozó Oly al oír estas palabras.

—Poco después de que el hermano David partiera de Saint Thomas para regresar a Herrnhut, Oly se hizo amigo mío. Es un niño huérfano; su compañía me ha dado aliento en medio de tiempos solitarios. Juntos hemos jugado y reído, y poco a poco le hablé del amor del Salvador. Al principio no pareció interesarle, pero un día, después de muchos meses, me dijo que quería creer en Dios y hacerse cristiano. Por supuesto, yo me alegré mucho y lloré de alegría cuando se decidió. Fue el primero, pero no será el último. Otros seguirán su ejemplo.

Ludwig escuchó atentamente todo lo que contó Leonard. La obra de proclamación del evangelio en el extranjero era difícil, pero poco a poco iba avanzando.

Mientras todos permanecían atónitos, Leonard contó que había cuidado de muchos esclavos negros enfermos con malaria. Muchos habían muerto, pero los otros esclavos percibieron la abnegación de Leonard sirviendo a los enfermos. Cuando estalló una rebelión de esclavos en la cercana isla de Saint John, todos los blancos fueron asesinados menos uno. Los dueños esclavistas de Saint Thomas temían que la rebelión se extendiese a su isla y que los esclavos se sublevasen y los matasen. Ordenaron a todos los blancos abandonar las plantaciones por su propia seguridad, pero Leonard rehusó marcharse. Dijo que Dios le había llamado a ministrar a los esclavos y que, no importa lo que le pasara mientras desempeñaba esa labor, estaba dispuesto a morir.

Afortunadamente, la rebelión no se propagó a Saint Thomas y finalmente acudieron tropas francesas a sofocar la rebelión de Saint John, pero no antes de que murieran varios centenares de esclavos.

No obstante, no fue la rebelión de esclavos lo que casi arrebató la vida de Leonard, sino la malaria. Leonard enfermó antes de Navidad y pasó varios días tendido en su catre, rondando entre la vida y la muerte. Cuando finalmente se recuperó, abandonó el intento de ganarse la vida con el oficio de alfarero. No había prácticamente arcilla adecuada en la isla para fabricar vasijas. Leonardo aceptó un empleo como vigilante nocturno para ganarse la vida. En definitiva, Leonard resumió el tiempo pasado en Saint Thomas como dificultoso y remunerador. Dios le bendijo a él y bendijo a otros a través de él.

Después del informe de Leonard sobre el progreso de la obra misionera en Saint Thomas, muchos otros miembros de la comunidad fueron inspirados a servir en ultramar. Ludwig no podía ser más feliz. No obstante, al mes siguiente, recibió una carta de

Tobias Leupold, notificándole que nueve de los diecinueve misioneros que habían ido a Saint Thomas
y Saint Croix habían muerto de malaria y otras enfermedades tropicales.

Las noticias recibidas de Groenlandia fueron
también decepcionantes. Una feroz epidemia de viruela se había desatado en la costa occidental de
la isla y matado a más de tres mil personas. Aunque los misioneros trabajaban incansablemente entre los nativos, nadie había respondido todavía a su
mensaje. La viruela había penetrado en las aldeas a
consecuencia de un esquimal que había visitado Europa, lo que provocó que muchos nativos se cuestio-
naran si valía la pena tener contacto con el mundo
exterior.

Con todo, Ludwig se animó al oír que los tres
misioneros en Groenlandia habían hecho un pacto
entre sí. Se habían prometido «no olvidar nunca que
habían ido allí dependiendo de Cristo su Salvador,
en quien todas las naciones de la tierra serían ben-
decidas, no basándose en la vista, sino en la fe».

A pesar de los reveses, los miembros de la comunidad de Herrnhut abrazaron por completo la visión
de Ludwig de predicar el evangelio en tierras extran-
jeras. Cada vez más miembros se ofrecían voluntarios para el servicio misionero en varias partes del
mundo. Al cabo de poco se prepararon para empezar
a trabajar en Surinam y Laponia.

Mientras todo ello tenía lugar, Ludwig seguía intentando alcanzar la meta de ser pastor luterano. Todas
las puertas a las que llamaba le dieron en las nari-
ces, hasta que August Spangenberg intercedió por él
en la facultad de la Universidad de Tubinga. Finalmente la facultad aceptó que las leyes de su iglesia

permitieran que un pastor fuera ordenado sin ser asignado a una congregación concreta. Este resultado abrió la puerta a Ludwig y poco después la Iglesia Luterana le concedió permiso para ser pastor sin tener parroquia. A principios de diciembre de 1734, Ludwig viajó a Tubinga para ser ordenado.

Como parte de los requisitos de su ordenación Ludwig tuvo que escribir su testimonio. Él pensó bastante para condensar tanta información en unos pocos párrafos. Finalmente escribió:

> Yo tenía diez años cuando empecé a guiar a mis compañeros a Jesús como su Redentor. Mi falta de conocimiento quedó compensada por mi sinceridad. Ahora tengo treinta y cuatro; y aunque he vivido muchas experiencias, sin embargo, en lo principal, mi mente no ha sufrido cambios. Mi celo no se ha enfriado... Seguiré como hasta aquí, ganando almas para mi precioso Salvador, congregando sus ovejas, ofreciendo invitaciones y contratando siervos para Él... Iré a naciones lejanas que no conocen a Jesús ni Su redención por Su sangre. Me esforzaré por imitar la labor de mis hermanos, que tienen el honor de ser los primeros mensajeros a los paganos... El amor de Cristo me constreñirá y Su cruz me refrigerará. Estaré alegremente sujeto a las autoridades superiores y seré amigo sincero para mis enemigos.

El 19 de diciembre de 1734, el conde Ludwig von Zinzendorf fue oficialmente ordenado pastor de la Iglesia Luterana. Su ordenación representó el cumplimiento de un sueño y una manera de proteger la comunidad que él amaba. Ahora podría salvaguardar a la comunidad contra la falsa acusación de anti luterano. También podría ejecutar todas las funciones de un ministro nombrado por el estado: bautizar, casar, enterrar y servir la comunión.

Mientras tanto, August Spangenberg hizo un viaje a Londres para entrevistarse con el general James Oglethorpe y James Vernon, secretario de la junta de consejeros de la colonia de Georgia, en América del Norte. Pudo asegurar una cesión de terreno de doscientas hectáreas en la colonia, en la ribera del río Ogeechee. A principios de 1735, August condujo un grupo de nueve misioneros moravos de Herrnhut a Georgia. Su objetivo era doble. En primer lugar, los moravos de Georgia podrían preparar un lugar donde sus hermanos de Herrnhut pudieran huir en el caso de que fuesen expulsados de Sajonia, y en segundo lugar, les proporcionaría una base desde la cual lanzar la obra misionera entre los indios de América del Norte.

El año de 1735 siguió siendo tiempo de envío de nuevos misioneros. En enero, dos hombres zarparon hacia la costa africana de Guinea, y en mayo, otros once misioneros llegaron a Saint Croix.

Posteriormente, el mismo año, en Herrnhut, se recibió la noticia de que Tobias Leupold había fallecido, como también siete de los nuevos misioneros. Y otros nueve, algunos de los que habían viajado al principio con Tobias, estaban físicamente tan débiles que decidieron regresar a Herrnhut para descansar y recuperarse. Tres de ellos murieron durante la travesía. En total, veintidós de los veintinueve misioneros enviados fallecieron. La comunidad de Herrnhut denominó la triste situación «la gran mortandad». Algunos observadores esperaban que abandonaran su obra misionera en vista del gran sacrificio de vidas humanas, pero sucedió justamente lo contrario. Por cada misionero que moría, había dos dispuestos a ocupar su lugar. Se fundó una misión en Surinam, costa noreste de América del Sur, y celosos misioneros se ofrecieron para dotarla de personal, sabiendo que las probabilidades de volver a ver a sus familias y países eran muy escasas.

Aunque a Ludwig le preocupaba que los refugiados moravos de Herrnhut fueran expulsados de Sajonia, para su sorpresa, ¡él mismo fue desterrado del reino! El resentimiento contra su estilo religioso poco ortodoxo había ido aumentando entre la nobleza sajona por algún tiempo. Y muchos pensaban que había llegado demasiado lejos cuando él, un conde, fue ordenado pastor luterano. Tal acto contrariaba las ideas sociales y religiosas que mantenían a la gente en su «lugar debido». Finalmente, el barón Huldenberg de Neukirch, noble sajón, no lo pudo soportar más. Se quejó ante la corte real de Dresde de que Ludwig estaba seduciendo a la gente que vivía en su propiedad para que fuera a vivir en Herrnhut. Para la corte real fue una de las muchas quejas contra Ludwig, y el 20 de marzo de 1736, el nuevo monarca sajón Frederick Augustus III promulgó un edicto que le expulsaba del reino.

El 21 de abril, cuando Ludwig volvía de un viaje a Holanda con Erdmuth, sus hijos y un grupo de la comunidad de Herrnhut, recibió la noticia. En vez de volver a la propiedad de Berthelsdorf, el grupo se dirigió a Ebersdorf, donde Ludwig pudo quedarse con amigos hasta decidir qué rumbo tomar.

Por muy chocante que fuera esta circunstancia, Ludwig rehusó que su expulsión de Sajonia destruyera su persona o su obra. Lo tomó como una

oportunidad de Dios para extender su labor mucho
más allá de Berthelsdorf. Empezó a buscar otro lugar donde vivir. Mientras buscaba se enteró de que
había dos castillos medievales llamados Ronneburg
y Marienborn, situados en el distrito de Wetteravia.
Los dos castillos estaban estropeados y desocupa-
dos y se hallaban en la propiedad del conde Casimir
de Büdingen. El conde atravesaba dificultades eco-
nómicas y Ludwig averiguó que estaba dispuesto a
arrendárselos.

Ludwig envió a Christian David, recién retorna-
do de Groenlandia para inspeccionar el castillo de
Ronneburg. El informe de Christian no fue bueno.
El castillo de Ronneburg estaba sucio y deteriorado
y, desde luego, no servía como lugar de residencia
para un conde del Sacro Imperio Romano Germánico. Para complicar las cosas, las casas, granjas y
establos del castillo estaban arrendadas a cincuenta
y seis familias judías y «vagabundos» de la más baja
ralea. Christian animó a Ludwig a buscar residencia
en otro lugar.

Escuchando con atención el informe de Christian,
Ludwig no pudo sacudirse el sentimiento de que por
muy sombrío que fuera el castillo, ese era el lugar
que Dios había escogido para extender su obra. *¿Por
qué no empezar a trabajar entre la clase más baja de
individuos?*, Ludwig se preguntó. *A buen seguro el
evangelio era para ellos tanto como para cualquiera.*
Comentó a Christian su decisión diciendo: «Haré del
lugar y del nido de vagabundos que tú dices el centro
de la religión universal del Salvador».

Christian hizo lo que pudo por disuadir a Ludwig
de vivir en un lugar tan miserable, pero éste ya había tomado la decisión. Si ese era el lugar que Dios

había escogido para ellos, no podían ir a ningún otro sitio.

En pocos días Ludwig acordó las condiciones con el conde Casimir de Büdingen para arrendar el castillo de Ronneburg, y no mucho después el grupo de Herrnhut que viajó con él se estableció en el lugar. El 17 de junio de 1736 Ludwig predicó su primer sermón en el castillo.

Como había dicho Christian, el castillo de Ronneburg estaba ciertamente deteriorado. Algunos muros estaban ruinosos, el tejado tenía goteras y cuando se ponía el sol, el castillo era un lugar espectral. Las ratas y los ratones subían y bajaban por escaleras podridas, y el viento aullaba a través de las ventanas rotas. El castillo disponía de pocos muebles útiles y todos —también Ludwig y Erdmuth y los niños— dormían sobre montones de paja. A pesar de las duras condiciones, Ludwig animó al pequeño grupo que vivía con él a convertir el lugar en un hogar habitable. Empezaron a sacar montones de madera podrida y a restregar las paredes.

A los pocos días el grupo abrió una escuela gratuita para los niños de los «vagabundos», para enseñarles a leer y escribir. También celebraban reuniones cristianas para adultos y visitaban a la gente en sus casas destartaladas. Después, los niños eran invitados al castillo a comer con los hijos de Ludwig. A todos les parecía extraño ver niños andrajosos y desdichadamente pobres comer con los hijos nobles de un conde.

Ludwig también promulgó una ordenanza que prohibía la mendicidad. En vez de ello, dispuso que dos veces por semana se distribuyera ropa y comida a los pobres que vivían en torno al castillo.

Un día, mientras daba un paseo por los terrenos contiguos al castillo, Ludwig se encontró con un judío de pelo canoso llamado rabí Abraham. Tan pronto como el viejo rabí vio a Ludwig hizo ademán de alejarse. Pero Ludwig le detuvo.

—Quédese a hablar conmigo —le dijo amablemente—. El pelo canoso es corona de gloria. Veo por su cabeza y la expresión de sus ojos que tiene mucha experiencia de corazón y de vida. En el nombre del Dios de Abraham, Isaac y Jacob, seamos amigos —y extendió su mano para estrechar la del rabí Abraham.

El anciano se quedó mirando y boquiabierto.

—Noto su incomodidad —dijo Ludwig—. Creo que es probable que usted no haya sido saludado así por ningún cristiano. Lo más probable es que le hayan dicho: «Váyase judío».

Los labios del rabí Abraham empezaron a temblar y se le saltaron las lágrimas.

—Basta, padre —dijo Ludwig en tono reconfortante—. Adoramos al mismo Dios, y nos comprendemos mutuamente. ¿Qué impide que seamos amigos?

A partir de entonces ambos fueron amigos. Ludwig visitaba regularmente al rabí Abraham en su casa pequeña y desvencijada y muchas veces salían juntos de paseo por la mañana temprano antes de salir el sol.

Una mañana, mientras los dos hombres caminaban sumidos en la oscuridad matutina, el rabí Abraham abrió su corazón a Ludwig.

—Mi corazón anhela el alba —dijo—. Estoy enfermo, y no sé lo que me pasa. Busco algo y no sé lo que busco. Soy como un perseguido, pero no veo enemigo aparte del que hay dentro de mí, de mi malvado corazón.

Aprovechando la oportunidad, Ludwig empezó a compartir el evangelio con el rabí Abraham. Le habló de Jesús. Qué Él se había hecho hombre para poder acercar a los hombres a Dios y que fue muerto en una cruz. A medida que Ludwig le hablaba, las lágrimas empezaron a correr por las mejillas del rabí Abraham y a humedecer su barba larga y grisácea.

Los dos hombres ascendieron por una colina suave, sobre cuya loma había una pequeña iglesia. A la salida del sol, la cruz dorada sobre la aguja de la iglesia resplandeció ante sus rayos.

—¿Ve ahí, rabí Abraham? —dijo Ludwig—. Es una señal del cielo para usted. El Dios de sus padres ha colocado la cruz ante sus ojos y los rayos del sol naciente la han teñido con su esplendor celestial. Crea en Aquel cuya sangre fue derramada por sus padres para que se cumpla el propósito de la misericordia de Dios, para que usted pueda ser libre del pecado y hallar en Él su salvación.

—Así sea —dijo el rabí Abraham—. Bendito sea el Señor que ha tenido misericordia de mí.

Ludwig se regocijó cuando el rabí Abraham decidió ser cristiano. Dios ya empezaba a bendecir la nueva comunidad, a la que pusieron por nombre Herrnhaag, como la iglesia Haag ubicada en las cercanías.

El 6 de noviembre de 1736 Ludwig recibió otra bendición. Erdmuth dio a luz otra niña a la que llamaron María.

La comunidad de Herrnhaag aumentó y Ludwig invitó a la gente a formar parte de una «Banda de peregrinos». Él los veía como una especie de iglesia itinerante —una banda de cristianos llamados a «proclamar el Salvador al mundo»—. Su nuevo lema

fue: «La tierra es del Señor; todas las almas son su-
yas; yo me debo a todas». Él comprendió que esta
deuda se satisfacía proclamando el evangelio a las
gentes del mundo y viendo que la unidad de los cristianos se fortalecía dondequiera que fuese. Y como
se le había prohibido volver a Berthelsdorf y Sajonia,
trataría de ir a tantos lugares como pudiese con el
mensaje de esperanza.

Capítulo 10

Gran sermón para nosotros

El año de 1737comenzó con noticias terribles. Ludwig lloró desconsoladamente cuando supo que las autoridades rusas habían rechazado a tres misioneros de Herrnhut que fueron a trabajar en favor del pueblo samoyedo, junto a la costa del océano Ártico. Las autoridades advirtieron a los hombres que si se les volvía a ver en Rusia serían quemados en la hoguera.

Después, el 31 de agosto del mismo año, el pequeño Christian Ludwig von Zinzendorf, a los tres años, murió a causa de unas fiebres. Una vez más Ludwig lloró amargamente.

No obstante, a pesar del desánimo, estaban sucediendo buenas cosas. Ludwig recibió un emocionante informe de August Spangenberg. En él relataba que el grupo de Herrnhut había hecho muchos amigos mientras viajaba a bordo del *Simmonds* rumbo a Georgia. En Londres, el barco recogió al general James Oglethorpe, gobernador de la colonia de Georgia. Con él viajaba su secretario Charles Wesley, cuyo hermano John también iba a bordo. John iba a Georgia para trabajar como misionero anglicano. August escribió que John y él disfrutaron de muchas conversaciones enriquecedoras. John se interesó bastante por la manera en que los miembros de la comunidad de Herrnhut vivían su fe.

Al año siguiente Ludwig visitó Londres, donde alquiló habitaciones por seis semanas en la Lindsey House de Chelsea. Viajó a Londres para conversar sobre planes futuros para enviar más moravos a Georgia. Para entonces Charles Wesley había regresado de América y fue con quien Ludwig trató en nombre de la colonia de Georgia.

Charles y Ludwig se hicieron amigos casi de inmediato. Aunque Ludwig hablaba poco inglés, los dos hombres pasaron muchas horas reunidos hablando en latín. Solían reunirse en la Lindsey House para orar y cantar himnos. Charles presentó a Ludwig a muchos hombres y mujeres pietistas ingleses, y éste disfrutó de la comunión con cristianos de la misma mentalidad. Fue también en Inglaterra donde la gente empezó a referirse a la *Unitas Fratrum* y a las comunidades de Herrnhut y Herrnhaag como Iglesia Morava, cuyo nombre empezó a destacar.

Poco después de su regreso de Inglaterra, Ludwig fue ordenado obispo de la Iglesia Morava. Esto no quiere decir que dejara de ser pastor luterano, sino desempeñó un puesto singular al ejercer dos funciones en dos denominaciones al mismo tiempo. Fue nombrado obispo de la iglesia porque tenía que poder ordenar a otros ministros moravos. Muchos de los misioneros que habían sido enviados desde Herrnhut estaban teniendo dificultades porque no estaban ordenados. Se les prohibió llevar a cabo muchas tareas pastorales, como celebrar bodas, bautizar conversos y servir la comunión. Pero si ellos no hacían estas cosas, ¿quién las iba a hacer? En muchos casos, los comerciantes blancos, dueños de esclavos y oficiales del gobierno impedían a los esclavos y los nativos asistir a las iglesias moravas.

Algunas personas pensaron que Ludwig había dejado de ser luterano para hacerse moravo, pero la verdad es que tenía poco tiempo para dedicarlo a gente que se preocupara demasiado de la denominación a la que pertenece un cristiano.

—¿No es acaso la mayor unidad que las almas piensen de modo diferente? —preguntó un moravo a Ludwig.

—Sí —respondió Ludwig—, ese es el vínculo real de la unidad. La naturaleza está llena de diversas criaturas de distintas inclinaciones, y lo mismo ocurre en el mundo espiritual. Tenemos que aprender a considerar las diversas formas de pensamiento como algo hermoso. Hay tantas ideas religiosas como almas creyentes, de manera que no podemos forzar a todos a ser medidos con el mismo patrón. Solo Dios, conforme a su infinita sabiduría, sabe cómo tratar con todas las almas.

Mientras la vida de Ludwig progresaba en el exilio, los ancianos de Herrnhut le escribían regularmente y a menudo le visitaban. Mientras tanto, Erdmuth tuvo un décimo y hasta un undécimo hijo. Johanna nació el 4 de agosto de 1737 y David el 22

de octubre de 1738. Dos meses después de la llegada de David, murió Anna, a sus cuatro años. Fue
enterrada en el Acre de Dios, cementerio comunita-
rio de Herrnhaag.

Con la expansión de la comunidad Unitas Fratrum, la obra misionera continuó extendiéndose.
George Schmidt se ofreció de voluntario para ir a
trabajar con la tribu hotentote de Sudáfrica. Aunque la Compañía Oriental Holandesa de la India
había dominado en Sudáfrica durante un siglo, no
había hecho nada por compartir el cristianismo con
los hotentotes. En realidad, la verdad era justo lo
contrario. Los clérigos holandeses de Sudáfrica llamaban a los hotentotes «ganado negro», predicaban
que no tenían alma y que pertenecían a una raza
de babuinos. Todo esto conmovió los corazones y
las conciencias de los moravos, quienes enviaron
de buena gana a George a laborar entre sus hermanos negros.

Otros misioneros moravos fueron a Ámsterdam,
Holanda, y trabajaron entre los judíos. Esto era algo
muy nuevo. Hasta este punto muchas denominaciones cristianas miraban a los judíos con suspicacia y
a menudo con menosprecio. Pero ahora llegaba un
grupo para centrarse precisamente en compartir el
evangelio con los judíos. Al ir a los judíos de este
modo, imitaban el ejemplo de Ludwig con el rabí
Abraham.

También llegaron noticias emocionantes de Groenlandia. Después de un comienzo poco halagüeño de
la obra misionera, en junio de 1738 se produjo un
«gran avivamiento» en esa isla. Muchas personas se
convirtieron al cristianismo y fueron añadidas a la
iglesia.

Ludwig se regocijó cuando oyó todas las cosas buenas que estaban sucediendo. Oró y ayunó más fervientemente por todos los misioneros que estaban en situaciones difíciles. Pero a pesar de ello, algunos le criticaban. «El conde está dispuesto a enviar a otros a morir de enfermedades en suelo extranjero, pero no está dispuesto a ir él mismo», decían.

Tales comentarios desafiaron a Ludwig, quien empezó a preguntarse si debía ir él mismo al campo de misión, quizás a Saint Thomas, donde había comenzado el esfuerzo misionero moravo. Ludwig se planteó seriamente esta idea, pero no tuvo paz respecto a qué debía de hacer. Finalmente, decidió echar a suertes para ver si debía viajar o no a Saint Thomas. Oró, echó mano de la cajita de madera y sacó un rollo de papel. Según la suerte, Dios le dirigía a Saint Thomas.

Entonces Ludwig ordenó sus asuntos. Hizo testamento y últimas voluntades y publicó lo que llamó su último sermón. Lo hizo porque esperaba morir en Saint Thomas. Tantos misioneros moravos habían muerto allá que a Ludwig le resultó difícil pensar que él encontraría un destino diferente. Antes de partir dijo a la gente: «He sido comisionado por el Señor Dios para propagar la palabra de Jesús sin preocuparme de lo que me pueda ocurrir por esta causa».

En noviembre de 1738, Ludwig, acompañado de George Weber y varios moravos, zarpó hacia las islas del Caribe. El viento les fue favorable y la travesía por el océano Atlántico fue rauda. Mientras el barco se balanceaba hacia adelante y hacia atrás, zarandeado por el viento, Ludwig pensaba en lo que descubrirían en Saint Thomas. Después de la muerte

de Tobias Leupold, Friedrich Martin se había hecho
cargo de la obra misionera en la isla. Algunos meses
después se le había añadido Matthäus Freundlich,
quien era el último superviviente del grupo misionero que había ido a Saint Croix. Ludwig había leído buenos informes de la labor realizada en Saint
Thomas. August Spangenberg había viajado allí dos
años antes y escrito para contar a Ludwig que el
número de cristianos era todavía pequeño, pero creciente. August había tenido incluso el placer de bautizar a varios nuevos conversos mientras estaba allí.

El coste de la obra en las islas había sido muy
alto. Muchos misioneros moravos habían muerto en
Saint Thomas y en la cercana Saint Croix. La fiebre
amarilla y otras enfermedades tropicales seguían
siendo una constante amenaza, consumiendo a un
hombre (o mujer) sano y fuerte en cosa de pocos
días.

Cuando aparecieron las verdes y frondosas colinas de Saint Thomas en el horizonte, Ludwig por fin
confesó sus pensamientos e inquietudes a George
Weber.

—¿Qué pasaría si no encontráramos allí a nadie? ¿Qué ocurriría si todos los misioneros hubieran
muerto? —dijo, haciendo un movimiento hacia Saint
Thomas con la cabeza.

—Entonces, henos aquí —replicó George confia-
do.

—Los moravos son una raza indestructible —exclamó Ludwig ante su compañero de viaje, dándole
una palmadita en la espalda—. Me maravillo de ti.

Era verdad. Los moravos nunca dejaban de sor-
prender a Ludwig con su determinación, no importa
a qué precio, de ir por todo el mundo y proclamar el

evangelio. Y allá en Saint Thomas, si todos los misioneros antes enviados hubieran estado muertos, George y los otros moravos a bordo, estaban dispuestos a seguir donde sus hermanos lo hubieran dejado.

Fue un día claro y soleado, el 29 de enero de 1739, cuando, por fin, Ludwig pisó la tierra de Saint Thomas. Caminó por las calles de Tappus, la principal comunidad de la isla, deseoso de establecer contacto con Friedrich Martin y Matthäus Freundlich.

—¿Saben dónde están los hermanos moravos? —preguntó a un esclavo con quien se topó justo fuera del pueblo—. ¿Están vivos?

—Están vivos —dijo el esclavo.

Ludwig elevó una breve oración de acción de gracias.

—¿Dónde están? —preguntó.

—En la cárcel —contestó el esclavo.

Ludwig se tomó un instante para digerir lo que acababa de oír.

—¿Cuánto tiempo han estado en ella? —preguntó.

—Más de tres meses.

—Eso es un ultraje —chasqueó Ludwig—. Tienen permiso de las autoridades danesas para predicar a la gente. ¿Cómo se atreven a echarles en la cárcel? —Entonces notó que el esclavo estaba sonriendo.

—¿Por qué te alegras de que los misioneros estén en la cárcel? —preguntó.

—El encarcelamiento de los misioneros es un gran sermón para nosotros —declaró el esclavo—. Yo mismo he aceptado el mensaje gracias a ello. Los esclavos nos asombramos viendo cómo los amos tratan a los misioneros igual que a nosotros. Comprendemos que los misioneros no son como los dueños de esclavos. No, son nuestros amigos; están dispuestos a sufrir por nosotros.

El esclavo sonrió de oreja a oreja y Ludwig notó brillo en sus ojos.

—Se acerca un gran avivamiento. Debe alegrarse de que los misioneros hayan estado en la cárcel porque su influencia ha aumentado mucho entre los esclavos a causa de ello.

—Su observación es cierta. Obviamente, Dios ha permitido que un gran mal resulte en bien por su causa. Pero ahora habrá que ver qué se puede hacer acerca de este asunto —dijo Ludwig.

Ludwig averiguó en seguida que un clérigo reformado de Saint Thomas se había quejado al gobernador de la isla de que los misioneros moravos habían bautizado algunos de sus conversos sin que estuviera presente un ministro de culto ordenado. Esto no era verdad. En efecto, Friedrich Martin había sido ordenado por medio de una carta de los moravos de Herrnhut, pero el pastor reformado rehusó aceptar este ordenamiento y siguió quejándose al gobernador, quien finalmente hizo que los misioneros moravos fueran encerrados.

Cuando se enteró de los detalles, Ludwig fue a ver al gobernador. Irrumpió en su mansión como un trueno, exigiendo que los misioneros fueran liberados. El gobernador, al verse sorprendido, no sabía qué hacer. No era sabio oponerse a un conde europeo, pero, por otro lado, no quería que los líderes eclesiásticos de la isla se enfadaran con él.

Ludwig mostró al gobernador un documento firmado por el rey de Dinamarca autorizando a los moravos predicar en las Indias Occidentales danesas. El gobernador no tuvo alternativa. Promulgó una orden para liberar inmediatamente a los presos. De una vez por todas, el documento asentaba la obra de los moravos en Saint Thomas sobre una sólida base legal.

Friedrich y Matthäus se regocijaron cuando salieron de la cárcel y vieron a Ludwig en persona. Todos se retiraron a la pequeña plantación que los moravos habían comprado hacía un año como base para su obra misionera. Cuando Ludwig vio el lugar lo llamó Posaunenberg (Monte de la Trompeta).

Después de estar varios días en la isla, Ludwig quedó tan impresionado por la labor que habían desarrollado los misioneros que escribió en su diario: «Saint Thomas es una maravilla más grande que Herrnhut».

Y en muchos sentidos lo era. Friedrich había trabajado incansablemente durante tres años consolidando la obra de los moravos en Saint Thomas. A pesar de la feroz oposición de los cultivadores y de otros líderes religiosos, él se las había arreglado para establecer varias congregaciones nativas. También había abierto una escuela para niños de esclavos y formado a los nuevos conversos en sociedades para el estudio de la Biblia y la oración.

Ludwig deseaba intensamente que la obra progresara más, de modo que organizó un coro de jóvenes solteros y otro de solteras y nombró líderes para ambos grupos. Y como en Herrnhut, estableció ayudadores para la comunidad, y consejeros, y distribuidores de limosnas. También introdujo el sistema de oración de veinticuatro horas que aún prevalecía en Herrnhut.

Por las noches, Ludwig predicaba en Posaunenberg, donde hasta seiscientos esclavos por vez acudían a escucharle. Cada noche que pasaba, la expectación de Ludwig aumentaba. El esclavo con quien conversara a su llegada a Saint Thomas tenía razón: estaba prendiendo un avivamiento en la isla.

Finalmente, el tiempo de Ludwig en Saint Thomas tocó a su fin. En su última noche en la isla, acudieron a escucharle ochocientas personas. Él les tenía preparada una sorpresa. Ludwig siempre animaba a los misioneros a aprender el idioma nativo lo antes posible, e intentó poner en práctica su propio consejo. Durante su estancia hizo un verdadero esfuerzo para aprender el dialecto de los esclavos. Cuando se levantó para predicar aquella noche, se dirigió a los esclavos en holandés criollo. Los esclavos fueron grandemente conmovidos y muchos se convirtieron al cristianismo esa misma noche a consecuencia de su predicación.

Ludwig hizo también visitas breves para animar a los moravos de las islas vecinas de Saint Croix y Saint John antes de subir a bordo de un barco para retornar a Europa. A pesar de sus temores, no murió en esa parte del mundo. El título del sermón que predicó antes de partir, «Último sermón del conde Zinzendorf», tendría que ser cambiado. Cuando el barco surcó las profundas aguas del océano Atlántico, Ludwig dio gracias a Dios por preservar su salud, contento de saber que pronto volvería a estar en compañía de su esposa e hijos.

Capítulo 11

Belén

Ludwig regresó a Europa y siguió viajando, animando a los cristianos adondequiera que iba. Pero el viaje a Saint Thomas atizó aún más su pasión por las misiones, de modo que manifestó su deseo de volver a viajar allende los mares. Por entonces, más de setenta moravos habían salido al campo misionero. Algunos salieron a prestar apoyo a bases existentes, mientras que otros lo hicieron para establecer nuevas bases en Ceilán, Rumanía, Argelia y Constantinopla. Por todas partes crecía la obra misionera de los moravos.

El impulso que Ludwig necesitaba para volver al campo misionero le llegó al recibir una carta de August Spangenberg, por entonces en Pennsylvania. Los misioneros moravos que habían emigrado a Georgia tuvieron dificultades desde su llegada a la colonia. Su número disminuyó de treinta a doce, y después a seis. Muchos murieron y otros retornaron a Herrnhut desanimados y enfermos. Para empeorar las cosas, el ejército español, destacado en Florida, se estaba preparando para invadir Georgia desde el sur, luego de reclamarla para España. El gobernador de Georgia instó a todos los colonos que compraran armas y se prepararan para defender su colonia. Pero los moravos rehusaron hacer esto. No estaban dispuestos a matar en nombre de ambiciones políticas ni geográficas.

La postura de los moravos no sentó bien a los dirigentes de Georgia y el asunto llegó a un punto álgido. Se ordenó a los moravos empuñar las armas o abandonar la colonia. Por ese tiempo un evangelista fogoso llamado George Whitefield estaba predicando en Savannah. Cuando se enteró de la difícil situación de los moravos que quedaban en Georgia, les ofreció pasaje gratuito en su barco con destino a Pennsylvania. También les ofreció trabajo para construir una escuela para niños indios en un trozo de tierra que había adquirido recientemente llamado Nazaret. De este modo, el centro misionero moravo en América del Norte se trasladó de Georgia a Pennsylvania.

Pero no fue la propia misión lo que más angustió el corazón de Ludwig, sino la noticia de que unos cien mil alemanes establecidos en Pennsylvania se hallaban en grave dificultad espiritual. Muchas de esas personas habían huido —y buscado refugio— a la colonia de William Penn para escapar a la persecución religiosa en varios reinos alemanes. Pero no había prácticamente pastores ni líderes eclesiásticos para atender a sus necesidades espirituales. En consecuencia, la gente había empezado a fragmentarse en muchos grupos pequeños y sectas denominados

dunkers, menonitas, profetas franceses, librepensa-
dores, ermitaños, nacidos de nuevo, nuevas luces,
monjes y monjas protestantes, independientes, se-
paratistas y calvinistas. Las noticias que llegaban a
Europa insinuaban que dedicaban mucho tiempo y
energía a criticarse unos a otros. Ninguno pensaba
en unirse para alcanzar a los indios cercanos con
el evangelio. August también señaló que casi todas
esas personas sólo hablaban alemán, queriendo dar
a entender que no podían rendir culto con coloniza-
dores cristianos de origen no alemán.

Ludwig se sintió movido a ayudar a esos colonos
a llevarse bien entre ellos y a promover la tarea de
extender el evangelio entre los indios. Juntó un grupo de siete «peregrinos», incluida su hija Benigna, de
quince años, y zarpó para América del Norte. Erdmuth se quedó en Herrnhaag porque su pericia era
necesaria para mantener encarrilados los asuntos
económicos de la Iglesia Morava. También tuvo que
cuidar otro bebé, el duodécimo, llamada Elisabeth,
nacida el 25 de abril de 1740.

Ludwig y su banda de peregrinos llegaron a la
ciudad de Nueva York el 29 de noviembre de 1741.
Permanecieron allí una semana y se entrevistaron
con el gobernador de la colonia y otros funcionarios
de la ciudad. Desde Nueva York viajaron por tierra
a Filadelfia, donde, como en Nueva York, Ludwig se
entrevistó con el gobernador de la colonia y otras
personalidades importantes, como, por ejemplo, Ben-
jamin Franklin.

Mientras viajaba a bordo, cruzando el océano Atlántico, Ludwig decidió no ser llamado conde Zinzendorf en Pennsylvania. Muchos alemanes y otros
europeos habían huido a América del Norte para

escapar a estructuras sociales rígidas y creyó que insistir en ser llamado conde podría provocar su antagonismo. Además, no iba a América como noble alemán, sino como compañero cristiano. En vez de ser tratado como conde Zinzendorf, Ludwig decidió darse a conocer como *Herr* Louis von Thurnstein, siendo éste un antiguo título familiar. Los cuáqueros de Pennsylvania pronto le llamaron Amigo Louis.

Los moravos de Pennsylvania estaban siendo liderados por David Nitschmann, el carpintero, quien había sido ordenado obispo en la iglesia. Bajo su dirección, habían comprado doscientas hectáreas de tierra en la confluencia del río Lehigh y el arroyo Monocacy. Los moravos ya habían erigido allí su primer salón de reuniones, de madera, y varias casas. La tierra estaba situada a unos ochenta kilómetros al noroeste de Filadelfia, bien dentro del territorio conocido como país indio, y era una base perfecta para ministrar a los indios.

Ludwig, Benigna y sus acompañantes tardaron diez días en llegar al nuevo asentamiento moravo, donde les esperaba un cálido recibimiento. A Ludwig le impresionó vivamente la intrépida valentía que demostraron esos moravos viviendo en plena naturaleza. La gente había levantado casas sencillas y ya habían visitado tribus indias para hablarles del evangelio.

Dos días después, en vísperas de Navidad, Ludwig predicó al grupo en el recién erigido salón de reuniones. Durante el sermón anunció que el nuevo asentamiento se llamaría Belén, Pennsylvania, en honor al lugar de nacimiento de Jesús.

Justo al comienzo del nuevo año, Ludwig partió de Belén a Germantown, donde conoció a un hombre llamado Henry Antes. Aunque Henry no era moravo, él también se sentía consternado por la carencia de iglesias, pastores y escuelas en Pennsylvania. Él y Ludwig hablaron del problema y convocaron una reunión, o sínodo, como ellos lo llamaban, de todas las denominaciones cristianas en la colonia. El 12 de enero de 1742, más de cien personas se congregaron para oír hablar a Ludwig del tema de poner de lado sus quejas unos contra otros y trabajar por el beneficio común.

Esta era precisamente la clase de labor que Ludwig había ido a realizar en América, y la tarea le dio nuevos bríos. Viajó a lo largo y ancho de Pennsylvania, y habló con toda clase de hombres y mujeres sobre sus experiencias de iglesia y de lo que se podía hacer para unir a los cristianos.

Mientras tanto, Benigna, la hija de Ludwig, se dispuso a abrir el primer internado para niñas en América del Norte y, en seguida, la escuela situada en Belén comenzó a prosperar.

Se celebraron más sínodos para debatir el futuro de las denominaciones de Pennsylvania. No obstante, los alemanes de Pennsylvania empezaron a discutir y pelearse en aquellas asambleas. Algunos de ellos acabaron aborreciéndose unos a otros más que antes de celebrarse los sínodos. Esto supuso una decepción para Ludwig, ya que había esperado que los hombres y mujeres de Pennsylvania que habían recibido el don maravilloso de la libertad religiosa lo usaran sabiamente.

Pero Ludwig perseveró. Un grupo de luteranos de Filadelfia que se reunía en un establo en Arch Street le invitó a ser su pastor. Llevaban cinco años sin pastor, principalmente porque no podían sustentarlo.

Ludwig aceptó el cargo, no sólo de forma gratuita, sino además sufragando la construcción de una iglesia en la calle Race Street. Además, predicaba en la iglesia reformada cercana que tampoco tenía pastor.

Una vez que Ludwig vio que su plan de propiciar una iglesia alemana unida en Pennsylvania no daba resultado, centró su atención en evangelizar a los indios. Para llevar esto a cabo, se les ocurrió, a él y a los ancianos moravos, un plan singular: convertir el asentamiento de Belén en un gran centro de envío misionero. Se asignaría a todos sus miembros una de dos posibles funciones: él o ella tendría que ser misionero/maestro o dedicarse a sostener la obra misionera con su tiempo y su dinero.

Las 120 personas que ya vivían en Belén aceptaron el plan de buena gana y, al cabo de poco tiempo, bandas de hombres y mujeres se prepararon para ir al interior del territorio indio. Un misionero moravo, Christian Henry Rauch, ya había ido a los indios desde Belén, y una tarde regresó al asentamiento acompañado de un indio. Christian Henry le presentó. Se llamaba Tschoop y en seguida entabló animada conversación con Ludwig.

—Christian Henry me dice que usted es creyente en Cristo —comenzó diciendo Ludwig.

—Lo soy —dijo Tschoop. Los ojos le ardían de celo.

—Dígame, hermano, ¿cómo fue?

Tschoop se recostó en la silla y entrecruzó los brazos.

—Es una historia muy sencilla. Yo era pagano, me crie entre paganos y sé cómo piensan. Una vez vino un predicador a nuestra aldea para explicarnos que Dios existe —se detuvo y se rio entre dientes antes de proseguir—. Entonces le dijimos: «¿Crees que somos tan ignorantes que no sabemos eso? Vete al lugar de donde viniste». Y se fue. Luego vino otro hombre blanco y nos dijo: «No debéis robar; no debéis mentir; no debéis emborracharos». Y le dijimos: «Eres tonto. ¿Crees que no lo sabemos? Aprende lo que predicas antes de intentar convencernos con tu enseñanza. Porque ¿quién roba más, quién miente más a menudo, o quién se emborracha con más frecuencia que vuestro pueblo blanco? Y ese predicador también se marchó. Pero entonces, Christian Henry vino a visitar nuestra aldea.

—¿Qué diferencia hubo en él? —preguntó Ludwig inclinándose un poco hacia Tschoop.

—Bueno, sus palabras tenían autoridad. Nos habló de un ser poderoso, Señor del cielo y de la tierra, quien dejó su gloria en el cielo para dar su vida por todos los hombres. Nos dijo que este Dios ama a los pobres pecadores indios y anhela conquistar nuestro amor, ser nuestro Salvador y llevarnos consigo a la casa de su Padre.

—De modo que eso fue lo que le convenció —preguntó Ludwig.

—Eso y lo que hizo después. Concluyó su predicación diciendo: «Amigos, estoy muy cansado del viaje, quisiera descansar mi cabeza, así que por favor, excúsenme. Y dicho eso se tendió junto a nuestros arcos y flechas e inmediatamente se quedó dormido con plácido sueño». Nosotros nos miramos unos a otros y susurramos: «Esto es nuevo. Sí, hemos oído buenas nuevas y éste que duerme las conoce. Miren, sabe que tiene un amigo arriba, si no ¿cómo iba a poder dormir aquí rodeado de hombres de guerra y con el grito de guerra en sus oídos?». Le observamos toda la noche y por la mañana le dijimos que no tenía que marcharse, que queríamos que se quedase y nos contase más acerca del que nos amaba y murió por amor. Y así fue como oí hablar de Jesús y llegué a relacionarme con Él.

—¡Qué maravilloso! —exclamó Ludwig—. Cuando se predica el amor y el sufrimiento del Salvador, Él atrae a todos los hombres a sí mismo. ¿Cuántos son ahora cristianos?

—Treinta y uno que yo sepa, y estoy seguro de que nos seguirán muchos más —respondió Tschoop.

—De modo que, ¿ustedes son las primicias de las tribus indias? Vamos a enviar a muchos otros a predicar el evangelio a todas las tribus. Tal vez alguno de vuestra tribu quiera ir con nosotros para propagar la palabra.

Los dos hombres siguieron hablando hasta que se hizo de noche, y Ludwig se alegró muchísimo de poder enviar misioneros al territorio indio. Tan sólo había un problema. Muchas de las tribus indias cercanas eran hostiles a los blancos y no les permitían circular por sus tierras. Ludwig se dio cuenta de que los moravos tendrían que obtener permiso para desplazarse entre las tribus indias antes de predicarles. El 4 de julio de 1742, él, Benigna, Anna Nitschmann, quien ahora residía en Belén y otros diez moravos partieron a lomos de caballo en busca de la aldea de Meniolagomeka, donde le habían dicho a Ludwig que se reunirían los jefes de las seis naciones de la Confederación Iroquesa[1].

Para Ludwig, acostumbrado a viajar por Europa mayormente en diligencia, era emocionante montar

---

1 Confederación Iroquesa: Tiene sus orígenes en el siglo XVI, la confederación original estaba formada por cinco tribus de la región de los lagos Finger, en el centro del estado de Nueva York: los mohicanos, los onondagas, los oneidas, los cayugas y los senecas. El objetivo era mantener la paz entre las tribus e incrementar los lazos comerciales y su poder frente a otras tribus o colonos. Los tuscaroras, de Carolina del Norte, emigraron a principios del siglo XVIII a Nueva York y, fueron aceptados por el resto de las tribus iroquesas, que adoptaron el nombre de Liga de las Seis Naciones.

a caballo por la campiña desierta de América del Norte. El grupo serpenteó por una senda ascendente y sorteó las Blue Mountains, deteniéndose en pequeñas aldeas indias por el camino. Cinco días después de salir de Belén, llegaron a Meniolagomeka.

Pero los jefes de la Confederación Iroquesa no estaban en la aldea. Entonces Ludwig sintió intensamente que debían viajar hasta Tulpehocken, donde vivía Conrad Weiser, el bien conocido mediador e intérprete entre los indios y los blancos. Ludwig había conocido a Conrad cuando asistía a uno de los sínodos y le impresionó su comprensión de la mentalidad india.

Cuando el grupo llegó a Tulpehocken, hallaron a Conrad y los jefes indios que habían estado buscando. Los jefes estaban ataviados con pantalones y mocasines de ante, mantas envueltas sobre los hombros y tocados de plumas. A Ludwig los hombres le parecieron fieros y nobles.

Con la ayuda de Conrad, Ludwig y los moravos entablaron una larga y fructífera conversación con los jefes. Al principio, los jefes se mostraron reservados, pero Ludwig les habló tranquilamente y les explicó que los moravos no pretendían hacerles daño, ni procuraban arrebatarles sus recursos naturales, ni causarles ningún trastorno. Ludwig notó que poco a poco la actitud de los jefes iba cambiando y empezaban a hacer preguntas. Al concluir su tiempo juntos, los jefes de las seis naciones prometieron a Ludwig y a los moravos que podían pasar por las tierras de la Confederación Iroquesa como amigos, no como extraños. También podían pasar tiempo en territorio iroqués si lo deseaban. Para sellar su acuerdo, los jefes dieron a Ludwig un cinturón confeccionado con

186 pequeñas cuentas de conchas pulidas llamadas wampum, que muchas tribus indias usaban como dinero, o en ceremonias de este tipo.

Después de la reunión con los jefes de las seis naciones, Ludwig fue a Filadelfia antes de volver a Belén. En Filadelfia le esperaba una carta de Erdmuth con malas noticias. Su hijo David, de cuatro años, había muerto hacía dos meses y sido enterrado en el Acre de Dios en Herrnhaag. De los doce hijos que había tenido, sólo sobrevivían cinco.

También llegaron buenas noticias de casa. En junio de 1742, Federico el Grande, joven rey de Prusia, había tomado posesión del territorio de Silesia. Después de tomar posesión de su reino, el rey Federico pidió a los moravos que se trasladaran allí y establecieran asentamientos como habían hecho en Herrnhut y Herrnhaag. El rey también había reconocido oficialmente a la Iglesia Morava como iglesia independiente con su propio clero. Lo único que tenía prohibido hacer la iglesia era intentar atraer miembros de la Iglesia Estatal. No obstante, a la Iglesia Morava se le permitía aceptar nuevos miembros de entre la gente que tomara la decisión de su propia voluntad. Esta especie de reconocimiento oficial supuso una victoria maravillosa.

Todavía recibió Ludwig buenas noticias en una carta de George Schmidt, quien envió un informe de su obra en Sudáfrica, entre los hotentotes. Varios meses antes, George había bautizado a su primer converso hotentote. Otros se bautizaron un poco después y ya se había formado una pequeña iglesia. No obstante, George informó que las autoridades holandesas de Sudáfrica no estaban contentas con lo que él estaba haciendo y cada vez se le presionaba más para que abandonara la colonia.

Cuando Ludwig llegó a Belén, el plan de convertir el lugar en un centro emisor de misioneros iba cobrando cuerpo. El sistema que se estaba implantando, cuyo nombre fue la Economía, generaba suficiente dinero para sostener a quince predicadores y maestros. Las normas de la Economía eran estrictas. Sus miembros prometieron dedicar todo su tiempo, esfuerzo y talento para edificar la comunidad.

La iglesia poseía toda la tierra y los ancianos asignaban a cada persona un empleo. Como habían hecho en Herrnhut, la gente fue dividida en coros. Pero a diferencia de Herrnhut, sus miembros no podían poseer su propio negocio o ganarse su propia vida, sino que las necesidades diarias de todas las personas se cubrían mediante el trabajo conjunto. La propia comunidad edificaba sus casas y producía su ropa y sus botas, e incluso cortaba su leña, producía sus hilados y tejía sus telas. También labraba la tierra y cultivaba cereales y verduras. Pastoreaba ovejas, criaba ganado y gallinas para proveerse de carne, leche y huevos. También cocía su propio pan. Al cabo de poco tiempo el sistema llegó a ser tan eficiente que se producía mucho más de lo que se necesitaba. Tomaron sus excedentes de alimentos y productos manufacturados y los llevaron al mercado, donde se cotizaron a muy buen precio. Todo el dinero extra se usaba para enviar y sostener a los misioneros de la comunidad.

La gente vivía vidas estrictas y disciplinadas. Los ancianos moravos sabían que era sólo por un tiempo, pero la necesidad de misioneros entre los inmigrantes y los indios era tan grande que todos concordaron en que merecía la pena el sacrificio. La comunidad creó incluso un lema en latín para expresar su compromiso conjunto. *In commune oramus, in commune laboramus, in commune partimur, in commune gaudeamus* (juntos oramos, juntos trabajamos, juntos sufrimos y juntos nos regocijamos).

Por el mismo tiempo que la Economía era establecida en Belén, la aventura de George Whitefield en la cercana Nazaret se había frustrado debido a tiempos económicos difíciles, y la propiedad fue puesta a la venta. Aprovechando la oportunidad, Ludwig y los moravos la compraron y establecieron allí también una comunidad. Y en seguida, ambas comunidades, Belén y Nazaret, trabajaron diligentemente para enviar cada vez más misioneros a los indios.

El propio Ludwig hizo otros dos osados viajes al territorio indio. En el primero, se dirigió a Shekomeko, condado de Dutchess, Nueva York, como unos cuarenta kilómetros al este del río Hudson, en el límite con Connecticut. Benigna, Anna y Conrad le acompañaron en el viaje. Transitaron toda una semana por sendas escarpadas sobre las Blue Mountains, atravesando Nueva Jersey y el río Hudson para llegar allí.

Shekomeko era donde Christian Henry Rauch había establecido una pequeña misión hacía dos años y medio entre los indios mohicanos. Ludwig pasó ocho días en Shekomeko, donde bautizó nuevos conversos y estableció la primera congregación india de la Iglesia Morava. También pasó algo de tiempo proyectando una extensión de la misión para evangelizar a la vecina población blanca.

En el segundo viaje, Ludwig pasó seis semanas recorriendo el valle de Wyoming, en Pennsylvania, para entrevistarse con los indios shawnees y solicitarles permiso para que los misioneros moravos penetraran en su territorio y trabajaran entre ellos. Sin embargo, los shawnees desairaron la propuesta de Ludwig, con lo que él volvió a Belén decepcionado, pero no derrotado, por la experiencia.

A principios de 1743, Ludwig sintió que era el momento de regresar a Europa. Había oído algunos rumores alarmantes sobre lo que estaba sucediendo entre los moravos en Alemania y resolvió volver y abordar la causa de esas noticias inquietantes.

Capítulo 12

Tiempo de criba

Ludwig fletó en Nueva York un barco llamado *James* para navegar hasta Londres con el grupo que le acompañaba. El 20 de enero de 1743, el *James* zarpó bajo el mando del capitán Nicholas Garrison. La travesía atlántica fue viento en popa hasta el 14 de febrero, cuando el *James* fue engullido por una violenta tormenta cerca de las islas Scilly, no lejos del extremo suroeste de Inglaterra. Grandes olas golpeaban contra el barco y el viento azotaba sus aparejos. Cuando el barco crujió y se inclinó y fue sacudido, todos los que iban a bordo se aterrorizaron, es decir, todos menos Ludwig. La oración y el cántico de himnos preservaron su calma y su paz a través de toda la prueba.

Cuando aparecieron rocas puntiagudas y amenazadoras en el horizonte azotado por la tormenta, el capitán informó a Ludwig que el *James* quedaría hecho añicos contra ellas en cuestión de pocas horas. No había manera de evitar ser arrastrados hacia el desastre. Pero Ludwig miró tranquilamente al capitán Garrison y le anunció con una certidumbre pasmosa que le dejó estupefacto: «Esta tormenta habrá pasado en un par de horas».

Dos horas después Ludwig rogó a sus compañeros de viaje que se asomaran a cubierta para comprobar que había amainado la tempestad. Y se encontraron con el capitán Garrison mirando el cielo. Los rayos de sol, que habían traspasado la espesa manta de nubes tormentosas, incidían ahora sobre el barco. El viento cesó y con él las gigantescas olas.

Después de recuperar el rumbo del barco, el capitán fue en busca de Ludwig.

—¿Cómo pudo predecir con tanta exactitud el final de la tormenta? —le preguntó—. Nunca he visto que una tormenta finalizara tan de repente. Estábamos a escasos minutos de ser arrojados contra las rocas.

Ludwig sonrió al responder al capitán.

—Hace ya más de veinte años que disfruto de una relación confiada con el Salvador. De manera que cuando me hallo en situaciones difíciles o peligrosas, lo primero que hago preguntarme si es por mi culpa. Si descubro algo que disgusta al Salvador, me arrodillo y le pido perdón. Y cuando lo hago, Él me perdona, y al mismo tiempo, por regla general, sé cómo van a funcionar las cosas. Por supuesto, si el Salvador decide no mostrarme el resultado, guardo silencio y concluyo que es mejor para mí no saberlo. No obstante, ésta no ha sido una de esas ocasiones. Al contrario, el Salvador me aseguró que la tormenta pasaría y que sólo duraría dos horas.

—La explicación que usted me ha dado es fantástica, conde Zinzendorf —exclamó el capitán Garrison—. Normalmente, no me inclinaría a creerla, pero le he observado durante el viaje —el cristianismo que usted vive, la relación que usted tiene con el Salvador— y puedo aceptar fácilmente su explicación —Ludwig asintió.

—A menudo se nos dice que hablemos con Dios, pero qué maravilloso es saber que Dios nos responde, ¿no le parece?

Tres días después, el 17 de febrero, el *James* llegó por fin a Dover, Inglaterra.

Desde Dover Ludwig viajó a Londres, donde se maravilló del crecimiento de la Iglesia Morava en Gran Bretaña durante el tiempo que había estado en Pennsylvania. Bajo el liderazgo de August Spangenberg, la iglesia prosperaba particularmente en Yorkshire, al norte del país. Ludwig decidió viajar allá para visitar a su viejo amigo August y ver la obra de primera mano.

Mientras viajaba hacia Yorkshire, Ludwig, haciéndose eco de los rumores que había oído estando todavía en Pennsylvania, se preocupó de que el crecimiento de la iglesia en Inglaterra se hubiera producido a costa de otras denominaciones. La idea de que los moravos pudieran estar creciendo gracias a los miembros de otras denominaciones que se sumaran a ellos iba contra todos los principios de unidad y armonía entre las denominaciones a las que él servía. Cuando finalmente llegó a Yorkshire, sus pensamientos hallaron descanso. Comprobó que la mayoría de las personas comprometidas con la nueva obra morava no procedía de otras denominaciones establecidas, como había temido.

Después de varias semanas en Inglaterra, Ludwig partió para Herrnhaag. Una vez más le esperaban malas noticias. Al llegar a casa, se encontró con que otra de sus hijas, Johanna, de cinco años, también había muerto. También ella había sido enterrada en el Acre de Dios en Herrnhaag. Ahora sólo le quedaban cuatro hijos: Benigna, de diecisiete años, que le había acompañado en el viaje a Pennsylvania; Christian Renatus, de dieciséis, que cumplía la función de pastor en Herrnhaag; María, de siete; y Elisabeth, de tres.

Ludwig se alegró de volver a ver a Erdmuth. Ella había estado ausente durante ocho meses visitando grupos de iglesia por toda Europa y no había estado presente cuando David y Johanna murieron. Ludwig empezó a preocuparse por ella. Se preguntaba cómo podría soportar la aflicción causada por el fallecimiento de otros dos hijos suyos.

En Herrnhaag, Ludwig descubrió que los rumores que había oído mientras estaba en Pennsylvania eran ciertos. La Iglesia Morava intentaba abrir nuevas ramificaciones en Europa animando a los cristianos a abandonar sus propias denominaciones y unirse a ellos. Era justamente lo contrario de lo que había esperado. Ludwig deseaba que los moravos ayudaran a sembrar unidad entre las iglesias, no a competir con ellas. Convocó un sínodo y dijo a los ancianos de la Iglesia Morava lo que pensaba de sus planes de expansión. Los líderes se disculparon humildemente por su egoísmo y prometieron ir en pos de la visión de Ludwig de unir a los cristianos de todas las denominaciones.

Al intentar explicar a la gente de Herrnhaag qué significa ser un auténtico cristiano, Ludwig descubrió que las cosas empezaban a ir muy mal. Él deseaba usar palabras sencillas para hablar de la obra del Espíritu Santo y de cómo el Espíritu despierta los corazones de gentes de todas las denominaciones para amarse los unos a los otros y trabajar unidos. Dado que muchos cristianos entendían que Dios era su Padre y Jesús su hermano, en un esfuerzo por ayudarles a entender la obra del Espíritu, Ludwig predicó una serie de sermones diciendo que el Espíritu Santo era su madre. Esto creó mucha confusión en Herrnhaag, pero le escucharon sumisamente.

Después Ludwig y su hijo Christian Renatus, empezaron a predicar sobre las heridas de Cristo cuando fue clavado en la cruz. Usaban cada vez más palabras poéticas y llegaron a decir a la comunidad que ellos eran pequeñas «espinas en la cruz» o «ventosas de la sangre santa de Cristo». La comunidad añadió su propio giro a esa enseñanza y al cabo de poco los servicios religiosos se tornaron bastante extraños.

No mucho después, Ludwig decidió invitar a sus seguidores más piadosos a incorporarse a la «Orden de los pequeños inocentes». La idea básica era buena, se basaba en las palabras de Jesús: «A menos que os hagáis como niños no entraréis en el reino de los cielos». Sin embargo, la nueva orden no seguía verdaderamente la enseñanza de Jesús. Los cristianos de Herrnhaag trataban de «probar» cuán infantiles eran. Normalmente esto equivalía a no trabajar, sino a cantar y jugar todo el día. Los miembros de la orden se entregaron a grandes fiestas, e intentaban imitar a los niños pequeños. También empezaron a mirar con desdén a los misioneros porque no entendían el «estilo lúdico».

Mientras todas estas cosas sucedían, Ludwig no percibió que la comunidad de Herrnhaag se iba desviando peligrosamente del camino, aun cuando muchas personas intentaban advertirle. Despreocupado, solía salir de Herrnhaag a visitar a otros moravos en necesidad de su liderazgo.

En diciembre de 1743 Ludwig emprendió un osado viaje a Rusia con Christian Renatus y algunos otros. Tres misioneros moravos que se dirigían a Mongolia para establecer allí la obra misionera fueron apresados en San Petersburgo, nada más de llegar a Rusia. Después de su encarcelamiento, Ludwig despachó a un enviado especial a Rusia para ver qué se podía hacer para recuperar su libertad. Lamentablemente, la misma suerte corrió el enviado. Todos acabaron arrestados y encarcelados. Al mismo tiempo, se promulgó un edicto en Rusia que prohibía la obra de los moravos en la provincia de Livonia, donde su labor había crecido rápidamente. El mismo Ludwig partió de viaje para ver qué podía hacer al respecto.

El 23 de diciembre Ludwig llegó a Riga, capital de Lituania, donde esperaba obtener permiso formal para continuar hasta San Petersburgo. Ante su asombro, en vez de recibir dicho permiso, Ludwig y sus acompañantes fueron también arrestados por el gobernador de la región y encerrados en la ciudadela, fortaleza militar de Riga. Ludwig se maravilló que alguien de su rango social fuera tratado de esa manera. Esperó pacientemente que el gobernador reconociera la incorrección de lo que había hecho y le permitiera proseguir el viaje hasta San Petersburgo.

Transcurrieron tres semanas sin novedad. Y cuando la hubo, no sucedió lo que Ludwig esperaba. En vez concederle permiso para continuar hasta San Petersburgo, el gobernador recibió la orden de expulsar a Ludwig y su banda de viajeros moravos del suelo ruso. Tres días después, un contingente de soldados escoltó a Ludwig hasta la frontera con Prusia. Los misioneros encarcelados pasarían tres años y medio en la cárcel antes de ser liberados.

De camino a casa, Ludwig pasó varios meses en Silesia ayudando a establecer nuevas congregaciones moravas.

Cuando llegó a Herrnhaag, que ya se había convertido en una comunidad grande y próspera de mil personas, Ludwig recibió un informe de la obra misionera que se estaba desarrollando en Pennsylvania. Leyó con interés y preocupación que dos jóvenes misioneros, David Zeisberger y Frederick Post, habían establecido una base de misión entre los indios del valle del río Hudson. Pero los colonos blancos de la zona y sus alrededores estaban muy disgustados con su ministerio. Opinaban que los indios eran salvajes, y que los misioneros no debían convertirles al cristianismo. Finalmente, en respuesta a las quejas de los colonos, los dos misioneros fueron arrestados, transportados a la ciudad de Nueva York y arrojados en la cárcel, donde estuvieron siete semanas hasta que el gobernador de Pennsylvania intercedió a su favor y consiguió su liberación.

Siguieron llegando noticias de otras partes del mundo, haciendo hincapié en la reunión de oración de veinticuatro horas. Al año siguiente, 1745, llegaron buenas noticias de Groenlandia. Johann Beck, misionero moravo en esa isla, relató a Ludwig cómo iba progresando la obra entre los esquimales. En efecto, crecía con tanta rapidez que la capilla que habían construido los misioneros para celebrar los cultos se había quedado demasiado pequeña. Más de doscientos esquimales asistían regularmente a los servicios religiosos. Johann suplicó a Ludwig que construyera una capilla más grande y éste encargó un gran bastidor de iglesia para trasladarlo a Groenlandia en secciones.

Ludwig y los moravos también se alegraron de oír que, después de muchos años de dificultades, la misión en Surinam, Sudamérica, había por fin arraigado y estaba empezando a crecer.

En Zeist, Holanda, el 20 de mayo de 1746, Ludwig tuvo el placer de oficiar la boda de su hija Benigna. Fue una ocasión gozosa, ya que Benigna se casó con el barón John von Watteville, hijo adoptivo del viejo amigo de Ludwig y miembro de La orden del grano de mostaza, Frederick von Watteville. A Ludwig le hizo bastante feliz ese matrimonio porque él mismo había sido quien lo sugirió. John había sido su asistente personal varios años y Ludwig había visto en él cualidades que le dieron pie a pensar que sería un buen marido para Benigna. Como regalo de bodas para la pareja, Ludwig adquirió la propiedad de Gross-Hennersdorf de su tía. Durante el verano de 1747 Ludwig recibió una inesperada carta de un ministro de la corte real en Dresde. El rey de Sajonia había hecho un viaje a Herrnhut ese mismo año y le había impresionado grandemente lo que allí viera. El ministro decía que el rey se había cuestionado la causa del destierro de Ludwig. Al fin y al cabo, él había sido responsable del establecimiento de Herrnhut, y la gente que vivía allí estaba prestando una verdadera contribución a Sajonia. El rey de Sajonia también sabía que el rey de Prusia había abrazado a los moravos. La carta seguía diciendo que el rey había cambiado de idea y que iba a promulgar un decreto real que rescindiera su expulsión. ¡Sería bienvenido a casa!

Ludwig se sentó y leyó la carta varias veces para asimilar su mensaje. Era cierto. Su destierro había terminado. Apenas se lo podía creer. Gozo fluyó de su corazón. Podía ir a casa y reencontrarse con su gente de Herrnhut.

El real decreto del 11 de octubre de 1747 también invitaba a Ludwig a establecer asentamientos moravos adicionales en Sajonia. Las lágrimas corrieron por sus mejillas cuando leyó una copia del decreto. Lo que había tenido el propósito de perjudicarle había redundado para el bien de los moravos.

Tres días después Ludwig volvió a Herrnhut. La emoción desbordó cuando la gente le aclamó y le saludó. En realidad, había hecho varios viajes secretos a Herrnhut durante su destierro de Sajonia, pero en esas visitas no pudo mostrarse abiertamente a la gente, por temor a ser capturado y encarcelado. No obstante, en esta ocasión se presentaba públicamente. Aquella tarde se juntaron doscientas personas para celebrar una fiesta de amor en honor a Ludwig. Después, predicó al grupo, como lo había hecho muchas veces en el pasado.

Una de las cosas dignas de destacar del regreso de Ludwig a Herrnhut fue la oportunidad de conocer a dos esquimales creyentes que habían llegado con Matthäus Stach, uno de los tres primeros misioneros moravos que fueron a Groenlandia. Ludwig se acordó del día en que había sido enviado. Y catorce años después, Matthäus volvía con conversos esquimales, contando experiencias maravillosas del crecimiento continuo de la misión morava en Groenlandia.

No mucho después de su retorno a Herrnhut,
Ludwig tuvo el placer de comisionar a Friedrich Hocker y Johannes Rüffer como misioneros. Estos dos
médicos iban de camino al este de Persia para con-
tactar con el pueblo guebre[1] y establecer una base
misionera entre ellos. Ludwig había sabido de este
pueblo por medio de un comerciante estadounidense en Ámsterdam. El comerciante le había dicho que
los guebres eran descendientes de los antiguos reyes magos que habían acudido con presentes a ado-
rar al niño Jesús en su nacimiento.

En el año 1747 también llegaron buenas noticias
de Pennsylvania. Las comunidades de Nazaret y Belén estaban prosperando. La Economía, que Ludwig
había ayudado a fundar mientras estaba en Pennsylvania, había conducido al desarrollo de al menos
treinta y dos industrias que proveían para las necesidades de la comunidad y el sostenimiento de los
misioneros. Ludwig también se enteró de que una
joven llamada Susanne Kaske se estaba preparando
para ir a Berbice (Guyana) para establecer una misión entre los indios. Susanne sería la primera misionera nacida en Estados Unidos que dejaba atrás
las costas de América del Norte.

El año 1747 trajo también malas noticias. El
conde Henry Reuss murió. Henry era hermano de
Erdmuth y cuñado de Ludwig. Había sido de gran
ayuda para éste y los moravos a lo largo de los años.

Finalmente, en diciembre de 1748, mientras Ludwig viajaba hacia Inglaterra con un grupo de «peregrinos», volvió su atención hacia la comunidad de Herrnhaag. Uno de los hombres que viajaban con él era
Karl von Peistel, soldado jubilado que había llegado

---

1 Guebre: seguidores de una religión persa.

a ser líder muy respetado en Herrnhut. En los últimos años muchas personas, entre ellas Erdmuth, Christian David y John von Watteville, habían intentado advertir a Ludwig de los excesos que estaban teniendo lugar en Herrnhaag. Pero Ludwig nunca hacía caso, alegando que si la iglesia iba demasiado lejos en una dirección, con el tiempo volvería a recuperar el equilibrio. Y a bordo del barco, Ludwig y Karl pasaron horas enteras conversando. Karl comentó a Ludwig que él y muchos otros habían sido atraídos a los moravos por sus vidas tranquilas y ordenadas. Pero la comunidad de Herrnhaag era ahora precisamente lo contrario, y le entristecía ver que los moravos eran objeto de burla por causa de sus nuevas formas de culto.

Cuando llegaron a Dover, Inglaterra, Ludwig comprendió su error. Él era la cabeza de la Unidad de los Hermanos y les había permitido, y aun estimulado a desviarse en sus creencias. Se arrepintió de lo que había hecho y trató de corregirlo inmediatamente. Escribió una severa carta a todas las congregaciones moravas, exhortándoles a volver a su vocación principal de llevar vidas ordenadas, vivir en unidad y enviar misioneros. También escribió a su hijo Christian Renatus, mandándole que renunciara a su cargo de pastor en Herrnhaag y fuera a Londres inmediatamente. Ludwig escribió a David Nitschmann y Leonard Dober, pidiéndoles que regresaran a Alemania para ayudar a encarrilar a la comunidad por la vía correcta.

Estas medidas funcionaron, y al cabo de un año las comunidades volvieron a esforzarse, orar fervorosamente y apoyar a los que salían a predicar el evangelio. La difícil etapa que atravesaron se dio en llamar Tiempo de Criba, según Lucas 22:31-32, donde Jesús dijo a Pedro: «Simón, Simón, he aquí Satanás os ha pedido para zarandearos como a trigo; pero yo he rogado por ti, que tu fe no falte; y tú, una vez vuelto, confirma a tus hermanos».

Mientras tanto, Ludwig tenía trabajo que hacer en Inglaterra. Decidió trasladar allí su sede para luchar por los derechos de los moravos en las colonias norteamericanas. Esto es, los derechos de prestar lealtad, pero sin juramento, y ser eximidos de incorporarse al ejército. Los cuáqueros, quienes tampoco creían en los juramentos, ya disfrutaban de esos derechos y Ludwig se entrevistó con Thomas Penn y con el general James Oglethorpe, ex gobernador de Georgia, para encontrar la manera de adquirir los mismos derechos para sus comunidades.

Fue una batalla cuesta arriba. Muchos miembros del Parlamento no aceptaron amablemente la idea de que un noble alemán viniera a su tierra y exigiera derechos para su gente en las colonias americanas.

Afortunadamente, no todos los dirigentes ingleses pensaban igual. Durante su tiempo en Londres, lord Granville se acercó a Ludwig y le ofreció vender a los moravos, a precio de ganga, 41.000 hectáreas de tierra, en Carolina del Norte. Por supuesto, Ludwig oyó encantado la oferta y entabló prontamente negociaciones para ver si podían llegar a un acuerdo para adquirir la tierra.

Con la ayuda de Thomas Penn y James Oglethorpe, Ludwig pudo hacer una buena defensa para justificar por qué se debía conceder a los moravos los mismos derechos que a los cuáqueros. Razonó que en vez de ser obligados a prestar el servicio militar, o ser amenazados con la cárcel por rehusar hacer juramento, los moravos debían ser respaldados porque eran muy buenos ciudadanos. Eran trabajadores esforzados, honestos, se atenían a la ley y mantenían la paz con los indios. También gastaban mucho dinero construyendo sus comunidades y ofrecían servicios no disponibles en otras partes.

Se redactó un proyecto de ley basado en los argumentos de Ludwig, que fue presentado al parlamento inglés.

Gran parte de la oposición al proyecto de ley se basó en citas de rumores e historias acerca del tiempo de criba, y Ludwig tuvo que esforzarse mucho para probar que ese periodo de su vida comunitaria había quedado atrás y que habían vuelto a sus raíces estables. Finalmente, el 12 de mayo de 1749, el parlamento británico aprobó la ley que concedía a los moravos la exención de prestar juramento y del servicio militar. La ley fue titulada: *El reconocimiento de Unitas Fratrum* como antigua Iglesia Episcopal por el Parlamento de Gran Bretaña, 1749.

Ludwig sintió gran satisfacción por este reconocimiento otorgado a los moravos, y anticipó un tiempo en el que éstos se extendieran por el Nuevo Mundo. Lo que no predijo fue que recibirían un gran impulso de una fuente inesperada.

Capítulo 13

Hasta los cuatro puntos cardinales

En octubre de 1749 murió el conde Casimir de Bü-dingen y fue sucedido por su hijo Gustav Frederick. A diferencia de su padre, Gustav Frederick no fue amable con los moravos de Herrnhaag. Su aversión a ellos había surgido a raíz de los excesos del tiempo de criba. En consecuencia, Gustav Frederick resolvió afirmar su nueva postura respecto a los moravos. Exigió que los residentes de Herrnhaag renunciaran a su lealtad a la Iglesia Morava y a Ludwig y prestaran juramento de lealtad a él. Les advirtió que si no lo hacían, pondría fin al contrato que permitía a los moravos vivir en sus tierras, y los residentes de Herrnhaag se verían obligados a abandonar su comunidad.

Ludwig se consternó cuando recibió en Londres la noticia de este giro de acontecimientos. Se imaginó que Gustav Frederick suponía que podía acosar a la comunidad de Herrnhaag para que le jurara lealtad, pero Ludwig sabía que los moravos no se inclinarían ante él, aunque ello significara tener que abandonar sus edificios y cosechas. Y esto es exactamente lo que sucedió. Todos los residentes de Herrnhaag declararon que estaban dispuestos a empacar y abandonar la comunidad que habían construido si Gustav Frederick no se retractaba de sus exigencias. El nuevo conde rehusó dar marcha atrás y los moravos buscaron nuevos lugares para vivir.

A los pocos días, un grupo de moravos de Herrnhaag se embarcaron hacia Pennsylvania. Y antes de fin de año, quinientas personas habían abandonado Herrnhaag para trasladarse a otras comunidades moravas esparcidas por Europa y otras ubicaciones misioneras diseminadas por todo el mundo.

Aunque Ludwig era consciente de los beneficios que acarreaba la dispersión de los residentes de Herrnhaag por los cuatro extremos del mundo, se sintió culpable por haber permitido que la comunidad se hubiera desequilibrado tanto durante el tiempo de criba. Si hubiera prestado más atención y escuchado a los que intentaban advertirle de los excesos que veían, quizá se podría haber salvado Herrnhaag. Pero no escuchó hasta que fue demasiado tarde. Lo único que podía hacer era aprender de su error y ayudar a los moravos de Herrnhaag a hallar otros lugares donde vivir.

Por ese tiempo Ludwig recibió otra carta en Londres. La carta contaba la llegada de Friedrich Hocker a Herrnhut el 8 de febrero de 1750. Friedrich era uno de los dos médicos que Ludwig había comisionado para ir de misioneros a los guebres de Persia.

Lamentablemente, la aventura no salió bien para los dos varones. Durante el viaje fueron atacados y robados dos veces por bandidos kurdos. En el segundo ataque, Friedrich fue herido gravemente y casi murió. Hambrientos y casi desnudos los hombres llegaron a Isfahan, donde el consulado británico les acogió y les ayudó. El cónsul también les dijo que buena parte de los guebres habían sido masacrados y los pocos supervivientes se habían exiliado. Al no poder continuar, los dos misioneros decidieron regresar a Herrnhut. En el viaje de regreso fueron una vez más atacados y robados por los bandidos. Esta vez Johannes Rüffer fue muerto durante el ataque. Friedrich enterró a su compañero en cierto lugar de la ruta y prosiguió rumbo a Herrnhut.

La carta entristeció a Ludwig. Había tenido grandes esperanzas para la misión en Persia, pero no pudo ser en esa ocasión.

Durante 1751 Ludwig también se enteró de que Herrnhut había perdido a uno de sus fundadores. Christian David había muerto a los sesenta y un años. A Ludwig se le saltaron las lágrimas cuando recibió la noticia. Pensó en el día de 1722 cuando conoció a Christian David, quien le causó gran impacto con su entusiasmo y su energía. Gracias a aquel entusiasmo y dinamismo Christian David condujo incansablemente a los moravos de la persecución a la libertad religiosa de Herrnhut. Durante el proceso, Christian David consiguió trasplantar la semilla escondida de la antigua *Unitas Fratrum* de Moravia a un lugar donde pudo echar raíz, crecer y florecer de nuevo. Ludwig echaría mucho de menos a su viejo amigo.

A pesar de historias desgarradoras, como la de Friedrich Hocker, un flujo creciente de moravos se ofreció para salir al campo de misión. En 1752, un grupo de misioneros moravos se embarcó en el *Hope*, de bandera inglesa, con destino a Labrador, en la costa noreste de Canadá, donde proyectaban establecer bases misioneras y trabajar entre los esquimales de la región. Los primeros cuatro misioneros llegaron a la costa del Labrador y se prepararon para construir una casa en un lugar llamado Hopedale.

Después de desembarcar a los misioneros, el *Hope* siguió navegando hacia el norte hasta un lugar donde desembarcaron cinco misioneros y el capitán. Entonces las cosas acabaron en desgracia. Un grupo de esquimales tendieron una emboscada a los hombres y los asesinaron. El primer oficial del *Hope*, quien había permanecido en el barco, descendió por la costa y evacuó a los otros cuatro misioneros para devolverlos a Europa. Una vez más Ludwig se entristeció en gran manera por el hecho de que otra empresa misionera no hubiera salido como se esperaba. Pero lo aceptó como voluntad de Dios.

El año 1752 acarrearía nuevas tristezas para Ludwig. Christian Renatus, que todavía se encontraba en Londres con su padre, enfermó de tuberculosis, a fines de febrero, y falleció el 28 de mayo, a los veinticuatro años. Fue enterrado en el terreno de Lindsey House, la sede morava en Gran Bretaña.

Ludwig, a sus cincuenta y dos años, se afligió profundamente por la muerte de Christian Renatus, su único hijo varón que había alcanzado la edad adulta. Durante su estancia en Londres, Ludwig llegó a tener una gran intimidad con su hijo. Durante muchas semanas después, se le saltaban las lágrimas cada vez que se acordaba de Christian Renatus. En una carta a las congregaciones moravas para darles la noticia de la muerte de su hijo, Ludwig escribió:

«No lo entiendo. . .Él mismo [Dios] lo aclarará a todos los corazones».

Erdmuth, quien estaba en Herrnhut cuando Christian se puso enfermo, se hallaba en Zeist, Holanda, de camino a Londres para visitarle, cuando recibió la noticia de su muerte. Se dio prisa en cruzar el canal de la Mancha y fue directamente hasta la tumba de su hijo, donde lloró amargamente. Ludwig intentó consolarla, pero él mismo estaba sumido en su propia tristeza. Aunque Christian Renatus era su noveno hijo fallecido, Erdmuth pareció incapaz de aceptar su muerte. Al final, quiso vehementemente retornar a Herrnhut, pero ya nunca sería la misma.

Después de guardar luto por la muerte de Christian Renatus, Ludwig dirigió su atención a los asuntos de la Iglesia Morava, y en 1753 tuvo buenas noticias. Un informe recibido de las Indias Occidentales le animó enormemente. Los moravos habían establecido obra misionera en Saint Croix y Saint John así como en Saint Thomas. Y la obra en Saint Thomas estaba prosperando. ¡La iglesia nativa sumaba más de mil miembros bautizados! Y los misioneros compartían regularmente el evangelio con más de cuatro mil esclavos que hablaban más de sesenta dialectos. Ludwig sonrió para sí mismo cuando leyó el informe y recordó el día en que dejó a Leonard Dober Y David Nitschmann en la bifurcación de la carretera hacia Bautzen. ¡Qué extraordinario trabajo habían realizado estableciendo los fundamentos de las misiones moravas en la isla! Y aunque Leonard tuvo el privilegio de recoger las primicias —Oly— mucho fruto se estaba produciendo allá.

Ludwig volvió a recibir buenas noticias en 1753. Las negociaciones con lord Granville llegaron finalmente a buen puerto, y los moravos adquirieron la parcela de 41.000 hectáreas de tierra que se les había ofrecido en Carolina del Norte. Ludwig llamó los terrenos Wachovia, nombre ancestral del patrimonio de su familia en Austria. Poco después, se inició la construcción de una comunidad según el modelo de Belén, en Pennsylvania. La nueva comunidad recibió el nombre de Salem.

En febrero del año siguiente, dos dueños de plantaciones en la caribeña isla británica de Jamaica pidieron a Ludwig que enviara misioneros a la isla y compartieran el evangelio con sus esclavos. Los misioneros moravos fueron comisionados y llegaron a Jamaica en octubre. Los dos cultivadores apoyaron plenamente la obra de los misioneros y les concedieron tierra para establecer una base misionera. Poco después, otros cultivadores también quisieron misioneros en sus plantaciones y llegaron más misioneros a la isla, entre ellos Christian Henry Rauch, quien llegó de Pennsylvania. Christian Henry había sido uno de los primeros misioneros moravos que evangelizara a los indios norteamericanos. Poco tiempo después, muchos esclavos conversos fueron bautizados en la iglesia de Jamaica.

En marzo de 1755 Ludwig sintió que había llegado el momento de dejar atrás la obra en Inglaterra y regresar a Alemania. Visitó varias congregaciones moravas en Europa antes de reunirse con Erdmuth en Niesky. Ambos volvieron calladamente a Herrnhut el 2 de junio. Ninguno de los dos deseó las acostumbradas celebraciones asociadas con las apariciones de Ludwig. No obstante, fue difícil escapar al gozo que sintió la comunidad cuando corrió el rumor de que su líder había regresado. Se tocaron himnos y sonatas en su honor y se celebró una gran fiesta de amor. Ludwig se emocionó al ver aquel derramamiento de amor y rompió a llorar varias veces. La gente de las aldeas circundantes a Herrnhut también se emocionó al ver al conde Zinzendorf entre ellos.

No mucho después de la llegada de Ludwig a Herrnhut el barón Huldenberg le hizo una visita. El barón era el noble que más había insistido en que Ludwig fuera desterrado de Sajonia diecinueve años antes.

Ludwig dispensó una cálida bienvenida al barón Huldenberg y al pastor que oficiaba en sus propiedades, que había acompañado al barón. Les condujo a la biblioteca y allí entablaron una conversación cordial. Después de un rato, el barón Huldenberg se aclaró la garganta y miró nerviosamente a Ludwig.

—Conde Zinzendorf —empezó diciendo el barón—, estoy aquí para devolverle una carta. Como seguramente habrá tenido noticia, mi hacienda quedó arrasada por un incendio en 1751. El único edificio que quedó en pie fue mi mansión, pero gravemente dañada por el fuego. Yo pedí que se salvara todo lo posible, y entre los restos carbonizados, uno de mis siervos halló este pedazo de papel.

Entonces el barón introdujo cuidadosamente su mano en el estuche de cuero que llevaba y sacó un pedazo de papel chamuscado.

—Está fechado en 1735 y es de su puño y letra. Le leeré lo que dice:

Me duele que usted sospeche de mí y de mi querida Herrnhut... Si hubiera tenido el honor de conocerle personalmente, usted constataría que no soy amante del desorden. Si conociera Herrnhut,

tal vez desearía que su aldea fuera como ésta...
Su padre y yo sostuvimos una conversación tan
satisfactoria en Praga que me inquieta tener un
malentendido con su hijo... Le aseguro que le que-
do fielmente suyo, Zinzendorf.

—Por ese tiempo —prosiguió el barón—, debo
confesar que su carta no hizo sino enfadarme aún
más con usted y resolví con mayor determinación
procurar que le desterraran. Pero cuando la volví a
leer, después del incendio, me invadió un sentimiento de culpa por lo que le hice a usted y a su familia.
La verdad es que no he oído sino cosas buenas de
su comunidad, y usted es un hombre mejor que yo.
Sólo le pido que me perdone por el gran mal que le
he causado y que a partir de ahora me tenga por
amigo y apoyador de su obra.

Ludwig trató de contener las lágrimas cuando
respondió.

—Le aseguro, barón Huldenberg, que mi intención es benévola para con usted. Lo que usted pro-
curó para mal, el Señor lo usó para bien. En todas
las cosas me someto a la voluntad de Dios y creo que
mi destierro ha servido para un propósito más grande. En cuanto a su oferta de apoyo a nuestro trabajo, nos gustaría aprovechar la oportunidad para
enviar moravos a sus propiedades a fin de llevar a
cabo la obra cristiana.

—Claro, por supuesto —respondió el barón con
bastante entusiasmo—, pondré mi pastor a su dis-
posición. Y que Dios multiplique y bendiga todo lo
que usted hace.

Cuando el barón Huldenberg se marchó, Ludwig fue en busca de Erdmuth, le leyó en voz alta la

ennegrecida carta que le había entregado el barón y le habló animadamente de la maravillosa reconciliación que había tenido lugar entre ellos dos.

Fiel a su palabra, el barón Huldenberg se convirtió en un apoyador incondicional de la comunidad de Herrnhut y envío a su pastor a la primera Conferencia de ministros de culto de Herrnhut, que se celebraría el año siguiente.

Por esa época, los recursos económicos escaseaban para Ludwig y los moravos. La iglesia contaba con dos fuentes principales de ingresos. Una era los ingresos personales de Ludwig, procedentes de sus propiedades e inversiones varias, cuya mayor parte entregaba a la causa, y la otra era el dinero que las propias comunidades recaudaban vendiendo el producto que cultivaban y los artículos que fabricaban. No obstante, los moravos siempre estiraban el dinero hasta el límite para poder establecer más comunidades y enviar más misioneros. La pérdida de Herrnhaag costó miles de libras, y los moravos de Inglaterra hicieron algunas malas inversiones que les dejó profundamente endeudados.

Llegó el momento de convocar una Conferencia Económica para ver qué se podía hacer acerca de la grave situación. Fue un tiempo tenso; todos parecían tener distintas ideas de lo que había ido mal y de cómo arreglarlo. Finalmente, se adoptaron cinco medidas nuevas. La primera separó la propiedad de Zinzendorf de la propiedad general de la iglesia. La segunda puso la propiedad de la iglesia bajo el control de un consejo rector, compuesto por hombres capaces que entendieran de economía. La tercera comprometía al consejo a pagar una tasa regular para cancelar todas las deudas en que había incurrido la iglesia, la cuarta pedía a todos los miembros de la iglesia satisfacer una cuota fija cada año a los fondos generales de la institución. La última medida estipuló que todos los que contribuyeran al fondo general tuvieran derecho a enviar representantes a la Conferencia General de la Iglesia.

Estos fueron pasos nuevos y audaces para hombres acostumbrados a preguntar a Ludwig qué debían hacer, pero todos concordaron que eran medidas necesarias e ineludibles. Ludwig ya había cumplido cincuenta y cinco años y su salud iba menguando. En efecto, consideró que la Conferencia Económica era una manera de ordenar los asuntos de los moravos antes de que él les dejara.

Cuando la conferencia estaba a punto de concluir, llegaron terribles noticias de América. Se estaba gestando una guerra entre Inglaterra y Francia sobre el futuro de las colonias y produciendo escaramuzas frecuentes en la frontera oeste de Pennsylvania. Los moravos fueron leales a los británicos porque estaban en una colonia británica, pero la mayor parte de los indios de la región lucharon a favor de los franceses. De vez en cuando los indios atacaban asentamientos moravos. Varios sufrieron daños, pero nada había preparado a los moravos para lo que sucedería en la noche del 2 de noviembre

Había un destacamento de quince adultos y un bebé en la misión Gnadenhütten, situada a treinta y dos kilómetros al noroeste de Belén. Indios hostiles rodearon la casa de la misión esa noche y dispararon contra los misioneros. Todos los que había en la casa se refugiaron en el piso de arriba. Entonces los indios prendieron fuego al edificio, y las llamas se extendieron rápidamente al segundo piso. Los moravos saltaron desde el segundo piso para salvar la vida, pero las balas y las hachas derribaron a muchos al caer en el suelo. Cinco personas consiguieron escapar de la masacre y vieron desde el bosque cómo todo el asentamiento, incluida la escuela, el almacén de suministros y la iglesia se consumían en llamas. Los indios conversos que habitaban en las cercanías acudieron en su ayuda pero ya era demasiado tarde para poder rescatar algo. Los conversos ofrecieron vengarse de los indios que habían perpetrado la matanza, pero los moravos les recordaron que estaban allí para salvar vidas, no para arrebatarlas.

Ludwig insistió en dar él mismo la triste noticia a la comunidad de Herrnhut. Después guio a la comunidad en oración para que ninguno de los asesinos muriera sin oír y aceptar el evangelio. Quince hombres y mujeres se ofrecieron entonces para sustituir a los misioneros asesinados, los cuales, poco después partieron hacia Pennsylvania.

Los moravos de Sajonia también resultaron afectados directamente por este conflicto. La guerra francesa e india en América del Norte salpicó a Europa bajo el nombre de Guerra de los Siete Años. Durante el curso de la contienda, el rey Frederick II de Prusia invadió Sajonia y muchos asentamientos moravos quedaron atrapados en el fragor de la batalla. E incluso una división de soldados prusianos estableció su sede en Berthelsdorf.

En medio de todo ello, Ludwig continuó con su trabajo. Siguió escribiendo himnos, especialmente para niños, que compiló en un *Himnario infantil*. También se entregó a escribir libros y trabajos para adultos.

En 1756 Ludwig se trasladó a Bethel, la casa señorial que había construido en su propiedad de Berthelsdorf treinta y tres años antes. Se dispuso a transformar la residencia por lo que llamó Casa del discípulo, donde acudían los distintos coros para pasar tiempo con él.

Mientras esto tenía lugar, Ludwig empezó a notar que Erdmuth no se sentía bien. Realmente, no se había recuperado de la muerte de Christian Renatus, y dormía bastante tiempo. No se quejaba de ningún dolor en particular, pero era obvio que había perdido la voluntad de vivir. Finalmente, en junio de 1756 ya no pudo levantarse. Murió cinco días después, a primeras horas del 18 de junio.

Ludwig quedó desolado. Él y Erdmuth habían estado casados treinta y cuatro años, compartido el nacimiento de doce hijos y la muerte de nueve. Estuvieron separados por los negocios de la iglesia más tiempo que el que habían pasado juntos y Ludwig se cuestionó si él había sido el mejor marido para Erdmuth. ¿Le había animado bastante? ¿Le había dado las gracias por el trabajo incansable que había hecho con las finanzas y los niños? ¿O la había tomado por sentado, esperando que ella cargara con el peso de la Iglesia Morava como había hecho él? ¿Fue su temprana muerte causada por el exceso de trabajo? Tales cuestiones atormentaron a Ludwig hasta el punto de no poder asistir al funeral de Erdmuth. Se quedó mirando desde el segundo piso de su casa señorial mientras ella era sepultada en el Acre de Dios.

Tampoco desaparecieron las preguntas una vez que Erdmuth fue enterrada. Ludwig siguió sintiendo culpabilidad y remordimiento por haber esperado demasiado de su esposa. Se volvió inquieto y viajó bastante, pero ya no disfrutó de la conversación, sino que cerraba la puerta al mundo exterior siempre que podía y buscaba solaz en la oración.

Pasó un año, y finalmente fue confrontado por su yerno John. Le dijo que muchos ancianos habían charlado y pensado que Ludwig debía volver a casarse. Ludwig entendió que sería una decisión sabía. Desde la muerte de Erdmuth había estado muy solo. Consideró casarse con Anna Nitschmann, quien había sido líder indiscutible entre los moravos por casi tanto tiempo como lo había sido él. Anna tenía cuarenta y dos años y él cincuenta y seis, pero ese no era el problema más grande. Un asunto más grave que la edad les separaba. No importa qué otra cosa hubiera él hecho, Ludwig seguía siendo conde, mientras que Anna, a pesar del mucho talento que tuviera para dirigir, a los ojos de la nobleza germana, no era más que una campesina. Aun en los círculos eclesiásticos más liberales ¡era impensable que un conde se casara con una campesina!

Cuanto más pensaba en ello Ludwig, más complicada le resultaba la idea. ¿Qué diría su anciana madre? Probablemente palabras más duras que las que le había manifestado cuando se enteró de que había sido ordenado pastor luterano. ¿Qué decir de sus primos y hermanos con títulos nobiliarios? ¿Se tomaría el casamiento con una campesina como máximo insulto a su familia? Ludwig no lo sabía. Lo único que sabía es que tenía que tomar una decisión, y pronto, ya que no estaba rejuveneciendo.

Capítulo 14

Destinados a dar fruto

El lunes 27 de junio de 1757, el conde Nicolaus Ludwig von Zinzendorf se casó con Anna Nitschmann en una ceremonia privada celebrada en la Casa del discípulo en Berthelsdorf. Once personas asistieron a la boda, y todas acordaron guardar el secreto hasta que Ludwig sintiera que había llegado el momento de contárselo a todos.

Al mismo tiempo, Ludwig abdicó como conde del Sacro Imperio Romano Germánico y entregó todos sus títulos y privilegios a su sobrino Ludwig. Esperaba de este modo calmar parte de la ira que su familia podía sentir cuando descubriera que se había casado con una campesina. Además, ahora que Christian Renatus estaba muerto, Ludwig no tenía heredero varón directo a quien transmitir sus títulos y privilegios cuando él falleciese.

La nueva pareja de recién casados partió en seguida con un grupo de «peregrinos», incluidos John y Benigna von Watteville y su hija Elizabeth. Se dirigieron hacia el oeste de Alemania y Suiza con el propósito de visitar congregaciones moravas. Por todos los lugares que pasaban, se invitaba a Ludwig a predicar, a veces en francés, a veces en alemán.

Con la llegada del otoño, el tiempo empeoró bastante y Ludwig no se sintió bien. Se alojaron un mes en casa de la familia de Erdmuth hasta recuperar fuerzas para seguir viajando. El castillo acercó muchos recuerdos a Ludwig —el carruaje averiado en el arroyo cercano, la primera visita al castillo, el descubrimiento de que su amigo Henry estaba enamorado de su prima Theodora y la petición de la mano de Erdmuth a su madre—. Ludwig tuvo mucho tiempo para recordar todos aquellos sucesos mientras se recuperaba. Y mientras lo hacía, se sintió agradecido por la fidelidad que su compañera Erdmuth le había profesado.

Ludwig y Anna regresaron a Herrnhut en enero de 1758, a una comunidad en la que muy pocos sabían que estaban casados. Anna volvió a su tarea en el coro de las mujeres solteras y Ludwig a sus reuniones en la Casa del Discípulo. Ese verano la pareja viajó a Holanda para estimular la obra de los moravos en el país. Ludwig y Anna visitaron Herrendyk y Zeist y animaron a ambos centros a concentrarse en el envío de misioneros.

Finalmente, en noviembre, Ludwig envió una carta a todas las congregaciones moravas para anunciar su matrimonio con Anna Nitschmann y explicar por qué habían mantenido el asunto en privado por año y medio. Esperó noticias de su madre, pero ella guardó silencio al respecto.

Ludwig y Anna llegaron a casa antes de la Navidad, justo a tiempo para el servicio solemne de cánticos.

Una vez que todo el mundo supo que Ludwig y Anna estaban casados, Anna se trasladó a la Casa del discípulo con su marido, y los dos asumieron la labor de pastores de la comunidad de Herrnhut. Lo que más les gustaba era reunirse con los niños y enseñarles canciones nuevas.

El año 1759 se presentaba muy prometedor. El año previo Ludwig había contactado con el rey de Dinamarca para establecer una colonia morava en Islandia. Entonces recibió una carta con la respuesta de que el rey prefería que los moravos iniciaran obra en las islas Nicobar, en el océano Índico, islas que la Compañía Danesa de la India Oriental controlaba desde hacía dos años. Para que ello fuera posible, Ludwig negoció la obtención de un permiso para que los moravos establecieran una base de operaciones en Tranquebar, costa sudeste de la India. En 1759, catorce hombres del coro de varones solteros se prepararon para partir hacia la India. Dos hombres asumirían la obra misionera a tiempo completo en las islas Nicobar, mientras que los otros doce trabajarían en sus oficios para recabar el dinero necesario para financiar la empresa.

La inminente partida de los misioneros para Tranquebar trajo recuerdos del colegio de August Franke en Halle, 1712, donde Ludwig había conocido a Bartholomaus Ziegenbalg. Bartholomaus había sido misionero en Tranquebar, disfrutaba de un tiempo sabático y la conversación que Ludwig mantuvo con él durante el almuerzo le inspiró, y en última instancia, cambió el curso de su vida. Resulta que, cuarenta y siete años después, los moravos iban a establecer su propia misión en la colonia de Tranquebar.

En noviembre de 1759 Ludwig se empezó a preocupar por Anna, ya que se estaba quedando muy delgada. Aunque ella rara vez se quejara, a menudo sufría fuertes dolores. Ludwig mandó llamar al médico, pero ningún doctor sabía exactamente qué le pasaba. Anna trabajó lo que pudo mientras Ludwig continuaba reuniéndose con los distintos coros, presidiendo servicios religiosos y escribiendo *Consignas diarias y textos doctrinales* para el año 1761.

En abril de 1760, Ludwig tuvo que afrontar el hecho de que su nueva esposa se estaba muriendo de cáncer. Anna ya no se podía levantar de la cama, y él estaba con ella todos los días. El domingo 4 de mayo, Anna hizo un esfuerzo y acompañó a Ludwig para oír a las hermanas solteras cantar. No obstante, durante el servicio religioso él notó que a ella le dolía el pecho y tenía problemas para respirar.

¡Repentina e increíblemente, Ludwig también se sintió gravemente enfermo! Tan enfermo que temió morir antes que Anna. Todo Herrnhut se enteró de la noticia y se le permitió visitar a Ludwig con sus coros. Aunque Ludwig estuvo en un ambiente de rondas continuas de cántico de himnos, oraciones y lecturas bíblicas, siguió debilitándose.

El 8 de mayo Ludwig vio a muchos miembros de la comunidad que se habían reunido a su alrededor. Sentía opresión en el pecho y le gorgoteaban los pulmones al respirar, pero se esforzó en hablar. Se dirigió al obispo David Nitschmann. Se le soltaron las lágrimas.

—¿Imaginabas al principio que el Salvador haría tanto como vemos ahora en los muchos asentamientos moravos, entre los hijos de Dios de otras denominaciones y los paganos? Yo sólo le supliqué alguna primicia de éstos, pero hay ahora miles de ellos. Nitschmann, ¡qué formidable caravana de nuestra iglesia hay ya en pie delante del Cordero!

Esa misma noche Ludwig llamó a sus hijas y su yerno junto a sí. Dio a sus hijas consejo acerca de sus propiedades y varias actividades empresariales y se volvió hacia su yerno John.

—Y ahora querido amigo, me voy al Salvador. Estoy listo. Me inclino ante su voluntad. Él está satisfecho conmigo. Si no quiere que siga aquí más tiempo, estoy listo para ir con Él. No hay nada que me lo impida.

John tomó la mano de Ludwig y oró: «Señor, deja que tu siervo parta en paz. El Señor te bendiga y te guarde; el Señor haga brillar su rostro sobre ti y te muestre misericordia; fije su rostro en ti y te conceda la paz».

Ludwig levantó la cabeza de la almohada y la volvió a bajar. Su pecho dejó de jadear y sus ojos miraron a lo alto. El conde Nicolaus Ludwig von Zinzendorf había muerto. Eran las 10:00 de la noche del viernes 9 de mayo de 1760, diecisiete días antes de su cumpleaños.

Las aproximadamente cien personas que aguardaban vigilantes en la Casa del discípulo lloraron quedamente cuando oyeron que Ludwig había fallecido. John fue a la habitación de Anna para comunicarle su fallecimiento. Anna movió la cabeza como si esperara la noticia y replicó:

—Tengo una perspectiva feliz para todos. Pronto iré con él.

Los trombones que tocaban cada vez que se producía un fallecimiento en Herrnhut, resonaron con fuerza y nitidez la mañana siguiente. A través de los zarcillos de niebla que flotaban por el bosque circundante, la gente reconoció el toque mortuorio. Todos se cuestionaron si habrían perdido al padre o la madre de la comunidad.

La gente averiguó en seguida que era Ludwig quien les había dejado. Su cuerpo fue cubierto con la túnica blanca que él, como pastor luterano, se ponía cuando oficiaba la comunión. Ludwig fue elevado en un ataúd con rebordes púrpura y colocado en el salón de estar. Miles de personas de toda condición desfilaron ante su cadáver para despedirse de un hombre que había traspasado todos los límites sociales de la época para hacerse amigo suyo. Aquella noche, varios hombres transportaron a Anna al salón de estar para darle también su último adiós.

La comunidad esperó una semana para enterrar a Ludwig y dar tiempo a los miembros de otras comunidades a congregarse para celebrar su funeral. Finalmente, el 15 de mayo por la tarde, la procesión funeral serpenteó el camino hasta el Acre de Dios. El cortejo fúnebre fue conducido por un grupo de niños cantores vestidos de blanco. Detrás de ellos iban las tres hijas supervivientes de Ludwig: Benigna, María y Elisabeth, acompañadas de John von Watteville, el obispo David Nitschmann y Frederick von Watteville. Frederick exhibió orgulloso el anillo de la Orden del Grano de Mostaza que Ludwig le había dado cuarenta años antes.

Después que el cortejo llegó a la tumba, los miembros de la comunidad de Herrnhut, los moradores de las aldeas y ciudades vecinas y demás visitantes se apretujaron para oír a David Nitschmann pronunciar unas palabras cuando el féretro descendía a tierra junto a la tumba de la condesa Erdmuth.

«Con lágrimas sembramos esta semilla en la tierra; pero Él, a su debido tiempo, la revivirá y la recogerá en su granero con gratitud y alabanza. Que todos los que desean esto digan amén».

Cuatro mil gargantas repitieron «amén».

Anna estaba demasiado enferma para asistir al funeral, pero presenció la comitiva apoyada, desde una ventana del dormitorio de las mujeres solteras. Siete días después, el 22 de mayo, ella también falleció y fue enterrada junto a su marido. Para entonces la lápida de Ludwig ya había sido colocada. Decía así:

Aquí yacen los restos del inolvidable hombre de Dios Nicolaus Ludwig, conde y señor de Zinzendorf y Pottendorf. Por la gracia de Dios y su servicio fiel e incansable fue nombrado distinguido Ordinario de la Unidad de los Hermanos, comunidad renovada en este siglo XVIII. Nació en Dresde el 26 de mayo de 1700 y entró en el gozo de su Señor el 9 de mayo de 1760. Fue destinado a dar fruto, fruto que permanece.

La obra continúa

Aunque la muerte del conde Zinzendorf representó un golpe para la Iglesia Morava, marcó una nueva fase, no el fin de su expansión. Ludwig había actuado como árbitro general de la iglesia, establecido las normas de las distintas comunidades y congregaciones y tomado la mayoría de las decisiones importantes. Después de su muerte, la iglesia resolvió revisar la manera en que estaba estructurada. En los años siguientes se reunieron importantes dirigentes moravos para diseñar una constitución para la iglesia y establecer un marco de liderazgo y gobernanza que les lanzara hacia el futuro.

La muerte del conde Zinzendorf tampoco provocó que los moravos descuidaran los esfuerzos misioneros que Ludwig había ayudado a impulsar de forma tan notoria. Cuando se produjo la muerte del conde, los moravos ya habían enviado 226 misioneros y bautizado más de 3.000 conversos. Pero la iglesia siguió enviando obreros al campo de misión, ampliando las misiones existentes y estableciendo nuevos puntos de misión.

La obra de la misión morava en Saint Thomas, Saint Croix y Saint John siguió creciendoy desarrollándose. En los primeros cincuenta años de tal obra misionera se bautizaron en esas islas 8.833 adultos y 2.974 niños.

La obra de la Iglesia Morava también se extendió a muchas otras islas del Caribe, por ejemplo, Antigua, en donde, entre 1769 y 1792, el número de conversos moravos en la isla aumentó de 14 a 7.400.

En Surinam, los misioneros quedaron atrapados en la lucha entre los indios y los esclavos. Incapaz de sofocar la rebelión que se estaba produciendo, el gobierno concedió finalmente libertad a los esclavos y la lucha cesó. Entonces los moravos establecieron más centros misioneros y volvieron a trabajar tanto con los indios como con los esclavos. Pero incluso entonces, la obra misionera morava tuvo que afrontar epidemias y escasez de alimentos. Los misioneros se vieron obligados a clausurar varias bases de operación. A pesar de las dificultades, rehusaron abandonar su labor en Surinam. Con el tiempo, la determinación de los misioneros dio su fruto y se añadieron muchos miles de conversos a la iglesia.

Otras tres comunidades misioneras se establecieron entre los esquimales de Groenlandia a medida que la obra fue creciendo. Y diez años después de la muerte del conde Zinzendorf, los moravos de Gran Bretaña por fin lograron establecer cuatro centros misioneros a lo largo de la costa de Labrador. No obstante, tales misioneros tuvieron que trabajar pacientemente muchos años hasta que los nativos respondieron al evangelio que se les había compartido.

La obra misionera entre los indios de América del Norte también continuó. La guerra de los franceses y los indios fue un tiempo muy difícil para los moravos que vivían y trabajaban en las tribus. Los franceses intentaron que el mayor número posible de tribus indias lucharan contra los ingleses. Los moravos quedaron atrapados entre ambos bandos, e intentaron mantenerse a sí mismos, así como a los indios de sus comunidades misioneras, fuera de peligro. Esto no fue siempre posible, como quedó demostrado en la masacre de misioneros moravos perpetrada en Gnadenhütten, Pennsylvania, el 24 de noviembre de 1754.

Finalmente la guerra tocó a su fin y cesaron las hostilidades. Los moravos volvieron a trabajar entre los indios, siendo uno de los rasgos más destacados de su actuación la insistencia en el aprendizaje del idioma de la tribu para canalizar su enseñanza y su predicación. A resultas de ello, surgió confianza y afinidad entre los moravos y los indios.

David Zeisberger fue un misionero moravo que disfrutó de un ministerio productivo a los indios. Después de la guerra francesa e india, él estableció puntos de misión entre los indios, en la frontera occidental, y finalmente, Schönbrunn (Primavera Hermosa) en el río Tuscarawas, al sureste de Ohio. Poco después, dieciséis kilómetros más al sur, se estableció Gnadenhütten, con el mismo nombre que la desafortunada base misionera de Pennsylvania. Muchos indios de Delaware, así como de otros establecimientos moravos, emigraron a aquellos asentamientos. Despejaron terrenos, plantaron campos y criaron ganado. Schönbrunn y Gnaden- hütten fueron prósperas comunidades, llenas de conversos pacíficos que renunciaron a muchas de sus viejas costumbres y e hicieron votos de no volver nunca más a guerrear.

Más adelante, otra contienda —la guerra revolu- cionaria— engulló a las comunidades. Schönbrunn y Gnadenhütten estaban situadas entre el puesto avanzado militar británico en Detroit y los america- nos en Pittsburgh. David y sus compañeros misio- neros moravos fueron objeto de sospecha por ambos bandos. Cada bando sospechaba que actuaban de espías para el bando contrario y que incitaban a los indios a tomar partido por el enemigo en la guerra. Por supuesto, nada más lejos de la realidad. Los mo- ravos y los miembros de sus comunidades eran paci- fistas y adoptaron una postura neutral en la guerra.

Finalmente, llegaron los soldados británicos y forzaron a los residentes de Schönbrunn y Gnad- enhütten a abandonar sus tierras y sus cosechas. Los residentes fueron conducidos a Sandusky, más al norte, donde tuvieron que soportar un crudo in- vierno durante el cual casi murieron de hambruna. Desde Sandusky, David y los misioneros moravos que le acompañaron, fueron obligados a ir a De- troit para ser juzgados por los británicos como es- pías americanos. Al acercarse la primavera, sin sus misioneros, como unos 150 indios conversos, ham- brientos, solicitaron y obtuvieron permiso para refu- giarse temporalmente a Gnadenhütten para recoger lo que pudieran de sus campos.

Cuando los indios recogían alimentos del campo, noventa voluntarios americanos bajo el mando del coronel David Williamson descendieron sobre ellos. Este grupo de soldados habían sido enviados desde Pittsburgh para vengar la muerte de un granjero blanco y su familia, quienes supuestamente fueron asesinados por indios de habla alemana. Los indios recibieron a los soldados y les alimentaron, pero éstos correspondieron a su hospitalidad masacrando brutalmente a todo el grupo al día siguiente, 8 de marzo de 1782, por la mañana. De los 150 indios, sólo dos niños pequeños lograron escapar y dar testimonio de la horrible matanza.

Más de cien años después de las atrocidades perpetradas en Gnadenhütten, el presidente Theodore Roosevelt calificó la masacre de «acto de brutalidad repugnante» y dijo: «Incluso hoy la sangre de un hombre justo hierve en sus venas al recordarlo».

La masacre de Gnadenhütten provocó un profundo impacto en la obra de todos los misioneros que trabajaban entre los indios. Los moravos intentaron reanudar las cosas donde las habían dejado al final de la guerra revolucionaria, pero la masacre cambió la actitud de muchos indios. Aunque cierto número de conversos volvieron a las comunidades moravas, muchos indios se preguntaron por qué debían aceptar la religión del hombre blanco. Después de todo, sólo hacía falta ver adonde les había conducido —derramamiento de sangre y compunción de corazón—. A partir de ese momento, la obra misionera entre los indios de América del Norte fue una tarea mucho más difícil, ya que, en adelante, los misioneros tendrían que vencer sospechas y resentimientos profundamente arraigados.

David Zeisberger siguió desarrollando su trabajo entre los indios durante otros veinticinco años, pero su labor nunca logró el mismo impulso y el dinamismo que tenía antes de los sucesos de Gnadenhütten.

A pesar de los reveses, la obra de David y los otros misioneros moravos que convivieron con los indios de América del Norte provocó un impacto en los indios y también en los blancos. El autor James Fenimore Cooper, el primer novelista estadounidense que alcanzó fama mundial, pasó sus primeros años de vida y juventud en la frontera de Nueva York rodeado de indios. Allí conoció también a muchos misioneros moravos que trabajaban entre ellos, y fue enormemente desafiado por lo que vio. Los diarios de David Zeisberger y de otros moravos le proporcionaron inspiración y recursos materiales para muchas de sus narraciones de la serie Leatherstocking Tales (Cuentos de las calzas de cuero). Y el tempranero converso moravo Tschoop es reconocido como modelo del personaje Chingachgook, en la novela de Cooper *El último de los mohicanos,* de 1826.

El celo misionero del conde Zinzendorf se extendió mucho más allá de los propios moravos. En muchos sentidos, la vida de Ludwig influyó a más cristianos fuera de la Iglesia Morava que dentro de ella. John Wesley visitó Herrnhut y comprobó en persona su comunidad pujante. Y aunque tuvo algunas diferencias doctrinales con los moravos, introdujo muchas costumbres moravas en la Iglesia Metodista que él fundó. Y en 1792, en una pequeña reunión de pastores metodistas en Kettering, Inglaterra, William Carey, destinado a ser el primer misionero bautista, arrojó en la mesa copias de la revista morava *Relatos Periódicos* y declaró: «¡Vean lo que han hecho los moravos! ¿No podemos los bautistas al menos intentar algo para mostrar lealtad al mismo Señor?».

Los moravos de Herrnhut siguieron orando por misioneros en todo el mundo. En efecto, la cadena de oración de veinticuatro horas, inaugurada en 1727, continuó ininterrumpidamente por más de cien años.

En el presente, más de doscientos años después de la muerte de Ludwig, el espíritu que el conde Nicolaus Ludwig von Zinzendorf intentó impulsar con tanto denuedo aún pervive, tanto en la Iglesia Morava como en muchas otras organizaciones misioneras por todo el mundo. El conde Zinzendorf sólo buscó las primicias, pero hoy, mayormente como resultado de su visión y dedicación, muchos otros millones de personas han sido añadidos a la unidad de todos los creyentes.

Hamilton, J. Taylor, y Kenneth G. Hamilton. *History of the Moravian Church: The Renewed Unitas Fratrum* 1722-1957. Bethlehem, PA: Moravian Church in America, 1967.

Hutton, J. E. *History of the Moravian Church.* London: Moravian Publication Office, 1909.

Langton, Edward. *History of the Moravian Church.* London: Allen & Unwin, 1956.

Lewis, A. J. *Zinzendorf: The Ecumenical Pioneer.* London: SCM Press, 1962.

Sawyer, Edwin A. *These Fifteen: Pioneers of the Moravian Church.* Bethlehem, PA: Comenius Press, 1963.

Weinlick, John R. *Count Zinzendorf: The Story of His Life and Leadership in the Renewed Moravian Church.* Bethlehem, PA: Moravian Church in America, 1989.

El matrimonio Janet y Geoff Benge, marido y mujer, forman un equipo de autores con una experiencia de más de veinte años. Janet fue maestra de escuela elemental. Geoff es licenciado en historia. Ambos son naturales de Nueva Zelanda y prestaron diez años de servicio a Juventud con una Misión. Tienen dos hijas, Laura y Shannon, y un hijo adoptivo, Lito. Residen cerca de Orlando, Florida.